Heidi Lorey

Gemüse und Blumen

aus eigenem Saatgut

Samen vermehren
und erhalten

Ulmer

Hier keimt etwas

Oft startet man den Anbau einer Pflanze mit Samen aus einer gekauften bunten Tüte. Wir säen die Samen, kultivieren die jungen Pflanzen, freuen uns an den Blüten der Sommerblumen und ernten das reife Gemüse. Im folgenden Jahr kaufen wir wieder eine bunte Tüte. Manch einer fragt sich dann doch: Kann man denn Saatgut nicht „selber machen"? Ja, man kann!

Viele einjährige Sommerblumen bilden nach der Blüte von selbst Saatgut, von den abgeblühten Ringelblumen etwa müssen wir es nur einsammeln. Beim Gemüse kommt es durch Ernte und Verzehr oft nicht bis zur Blütenbildung. Wenn man den geschossenen Salatkopf stehen lässt und beobachtet, was passiert, lernt man seine blühende Seite kennen. Wer einmal eine Blumensorte entdeckt hat, die eine außergewöhnliche Blütenfarbe hat, oder eine Gemüsesorte, die uns gut schmeckt und gut gedeiht, möchte sie weiter erhalten. Besonders, wenn es das Saatgut nicht mehr im Handel gibt. Regionale Sorten sind heute schon sehr selten geworden. Dennoch werden Landsorten wiederentdeckt oder regionale Sorten, die von älteren Menschen über Jahrzehnte im Hausgarten kultiviert wurden. Damit diese Erbstücke weiterleben, müssen sie weiter angebaut, genutzt und bis zur Samenreife kultiviert werden. Vieles von

diesem traditionellen Wissen über den Samenbau ist schon verloren gegangen. Dieses Buch möchte dazu anregen, mit der Samenernte im eigenen Garten zu beginnen, selbst Erfahrungen zu sammeln, zu staunen über die Sortenvielfalt. Schnell wird das Sammeln von Saatgut zur Passion. Bunte Bohnensamen sind heiß begehrt, sie liegen wie Schmeichelsteine in der Hand. Die in den Hausgärten gesammelte Vielfalt an Tomatensorten ist nicht zu überbieten. Wer mehr wissen möchte, kann an Saatgut-Seminaren teilnehmen. Gleichgesinnte findet man in regionalen Initiativen und Vereinen, die sich für die Saatgutvielfalt engagieren.

Bohnensamen gibt es in vielen bunten Farben.

Das finden Sie in diesem Buch

Der Start als Saatgutsammler

Pflanzensteckbriefe

Service

Der Start als Saatgutsammler

Über die Kultur der Pflanzen hinaus kommt für den Samengärtner etwas Spezialwissen hinzu. Wir schauen ganz genau in die Blüte, auf die Hülse, in die Schoten. Bei welchen Pflanzen bestäuben die Bienen die Blüten, welche verlassen sich auf den Wind? Wann sind die Samen reif?

Viele Fragen lassen sich einfach beantworten. Wir müssen uns nur etwas Zeit nehmen und hinschauen.

Eine beliebte Pflanze im Samengarten, der Dill.

Wie sich Pflanzen vermehren

Pflanzen nutzen zwei Vermehrungsstrategien, eine vegetative, ungeschlechtliche Vermehrung über Pflanzenteile und eine generative, geschlechtliche über Samen. Für die Vermehrung unserer Pflanzen im Garten nutzen wir die gleichen Methoden.

Geranien und Fuchsien kann man durch bewurzelte Kopfstecklinge vermehren. Stauden wie Funkien, Astern oder Sonnenbraut werden geteilt, wenn ihre Polster zu breit werden. Bei Erdbeerpflanzen nutzen wir die Ausläufer als neue, wüchsige Pflanzen. Dies sind Methoden der ungeschlechtlichen oder vegetativen Vermehrung. Für die Pflanzen bedeuten sie, dass sie zwar nur wenige Nachkommen hervorbringen, aber diese sind schon fast „fertige" Pflanzen. Die Nachkommen werden als **Klone** bezeichnet, sie sind in ihrer Erbsubstanz mit der Mutterpflanze identisch. Die meisten Staudensorten lassen sich sortenecht nur über die vegetative Vermehrung erhalten. Manche Pflanzen bilden keine Blüten mehr und verlassen sich nur noch auf die vegetative Vermehrung. So Knoblauch und Etagenzwiebeln, die am Blütenstiel statt Blüten Brutknollen ausbilden.

An den Ausläufern der Erdbeeren bilden sich neue Pflanzen.

Die meisten Pflanzen besitzen die Fähigkeit zur Blütenbildung. Das ist ein Grund, warum wir sie kultivieren. Wir lieben blühende Stauden im Garten und pflücken einen Strauß blühender Dahlien. Für die Pflanze hat die Bildung der Blüten als auffälliger Schauapparat nur ein Ziel: die geschlechtliche Vermehrung. Sie will ihre Art erhalten, sich vermehren, neue Gebiete besiedeln. Das funktioniert am besten mit vielen Nachkommen. Dafür produziert die Pflanze Früchte und Samen. Die Ent-

Nach der Blüte bildet die Ringelblume schnell Samen.

wicklung von Blüten stellt für die Pflanze einen neuen Lebensabschnitt dar. Wenn Blütenstaub als männliche Samenzellen auf die Narbe einer Blüte gelangt und dann mit den Eizellen, den weiblichen Teilen, verschmilzt, entsteht eine Frucht mit Samen. Bei dieser geschlechtlichen Vermehrung verschmilzt das Erbgut einer Mutter- mit dem einer Vaterpflanze. Die Erbanlagen werden neu gemischt. Pflanzen aus Samen sind ihren Elternpflanzen ähnlich, aber nicht gleich. Die Nachkommen untereinander sind auch nicht gleich, sondern unterscheiden sich wie Geschwister voneinander. Die geschlechtliche Vermehrung über Samen ermöglicht Pflanzen eine schnelle Weiterentwicklung, Anpassung an neue Umweltbedingungen und Massenvermehrung. Wir nutzen dies im Garten ebenfalls und sammeln eigenes Saatgut.

Blühen und Samenreife läuft beim Vergissmeinnicht parallel ab.

Botanische Namen

Viele Blumen und Gemüsearten haben mehrere regionale Namen. Da ist manchmal nicht ganz klar, was mit einer „Butterblume" eigentlich gemeint ist. Damit man sich im Reich der Pflanzen besser zurechtfindet, hat der Botaniker Carl von Linné schon 1727 die botanischen Namen eingeführt.

Die botanische Bezeichnung besteht aus zwei Teilen, sozusagen dem Vor- und Zunamen, die ein Lebewesen eindeutig und international kennzeichnen. Das erste ist der Gattungsname, das zweite der Artname. So heißt die „Butterblume" botanisch *Ranunculus repens*, wenn man den Kriechenden Hahnenfuß damit meint, oder *Taraxacum officinale*, weil der Löwenzahn in manchen Regionen so genannt wird. Verwandte Arten haben einen ähnlichen Blütenaufbau und werden zu einer Gattung zusammengefasst. Die Art stellt auch eine Grenze dar für die Kreuzbarkeit zwischen Pflanzen. Nur in Ausnahmefällen können sich Pflanzen, die verschiedenen Arten angehören, miteinander kreuzen.

Als untergeordnete Einteilung nach der Art folgt die Kategorie der Sorte. Die Namen der Sorten werden immer mit einfachen Anführungsstrichen oben gekennzeichnet, z. B. Sonnenblume 'Bronzekönigin'. Pflanzensorten kommen wild in der Natur nicht vor. Sie entstehen durch die Arbeit eines Züchters, der durch Auslese oder Kreuzung diese spezielle Sorte entwickelt hat. Sie zeichnet sich durch viele sortentypische Merkmale wie Blütenfarbe oder Fruchtform aus. Die Sortenmerkmale bleiben bei der Vermehrung erhalten.

Kapuzinerkresse ist mit der Gartenkresse nicht verwandt, auch wenn beide „Kresse" genannt werden.

Tagetes gehören zur Familie der Korbblütler.

Wir kaufen meist Samentütchen von Blumen- oder Gemüsesorten, denn es kommt uns auf bestimmte Merkmale an. Wenn wir im Hausgarten von diesen Sorten Saatgut ernten, möchten wir die Sorten in ihren typischen Eigenschaften erhalten. Dies wird mehr oder weniger gut gelingen. Aber auch eine Änderung der Sorteneigenschaften ist nicht negativ, sondern birgt Überraschungen. Wie schön, wenn die Zinnien aus dem eigenen Saatgut andere Blütenfarben hervorbringen!

Als übergeordnete Gruppe folgt über der Gattung die Pflanzenfamilie. Sie ist jeweils bei den Pflanzensteckbriefen angegeben. Beachten wir die Familienzugehörigkeit, so können wir für den Anbau im Garten Regeln für die Fruchtfolge ableiten. Pflanzen, die der gleichen Gattung und Familie angehören, sollten in der Regel nicht nacheinander auf einem Beet angebaut werden. Sie entziehen dem Boden meist ähnliche Nährstoffe und werden von den gleichen Krankheiten und Schädlingen befallen.

Es wächst und blüht und dann?

Jeder, der mit dem Samenbau beginnen möchte, startet erst mal seine Gemüse- oder Blumenkultur wie für den normalen Anbau. Die Aussaat, von der Jungpflanzenkultur bis zum erntefähigen Salatkopf unterscheidet sich nicht. Meist ernten wir das ausgewachsene Gemüse, essen die reife Tomatenfrucht und beenden damit die weitere Entwicklung.

Wer weiß schon, wie Radieschen oder Kohlrabi blühen? Salat, der geschossen ist und in Blüte gehen möchte, landet meist auf dem Komposthaufen. Für die Saatgutgewinnung müssen wir jetzt die zweite Lebensphase der Pflanzen zulassen, den geschossenen Salat stehen lassen. Die einjährigen Sommerblumen gehen sowieso in Blüte, das ist bei ihnen ja erwünscht. Viele Gemüsearten blühen in ihrem ersten Entwicklungsjahr. Ein Teil, vor allem Kohlpflanzen und die Wurzelgemüse, blühen erst im zweiten Kulturjahr. Um die zukünftigen Samenträger muss man sich dann auch über Winter kümmern. Es ist weiterhin darauf zu achten, dass die Pflanzen gesund bleiben und nicht von Schädlingen befallen werden.

Bevor man die reifen Gemüse für die Küche erntet, werden alle Pflanzen begutachtet. Die kräftigsten, gesunden Pflanzen werden als zukünftige Samenträger ausgewählt, die

Saatguternte bei Kopfsalat: Erst wächst der Kopf, dann streckt sich der Blütenstängel in die Höhe.

weniger schönen können getrost gegessen werden. Auf keinen Fall umgekehrt verfahren und die größten und schönsten Pflanzen für die Küche ernten! Mit solch einer Auslese würde sich der Pflanzenbestand stetig verschlechtern. Bei Tomaten werden die Samen aus den Früchten der unteren, sortentypischen, reifen Trauben gesammelt. Beim Kopfsalat erntet man die Samen von den Köpfen, die als letzte schossen und in Blüte gehen, sonst werden die Nachkommen immer früher schossen. Bei den Sommerblumen ist es ähnlich. Die schönsten Blüten mit der sortentypischen Blütefarbe kommen nicht in die Vase, sondern erhalten als Kennzeichnung ein Etikett, damit man die abgeblühten Blumen nicht aus Versehen abschneidet.

Sobald sich bei den Pflanzen die Blütenstängel in die Höhe schieben, setzt man einen Stab neben die Pflanzen, um die Blütenstände anzubinden. Mit den reifenden Samen werden manche Samenstände schwer und würden sich auf den Boden legen. Der Samen soll so lange wie möglich an der Pflanze ausreifen. Durch Überdachungen kann man Regen und Feuchtigkeit abhalten. Hat man das geschafft, ist die erste eigene Saatgutvermehrung schon erfolgreich verlaufen.

So können Möhren platzsparend über Winter gelagert werden.

Die Blüte und ihr Aufbau

Jede Blüte, sei es von Sommerblumen, Stauden oder Gemüse, sieht anders aus. Die Vielfalt an Formen und Farben ist bestaunenswert und doch liegt allen Blüten ein ähnliches Bauprinzip zugrunde.

Eine Blüte besteht eigentlich aus umgewandelten Blättern. Als Organ zur Fortpflanzung enthält sie die weiblichen und männlichen Geschlechtsteile. Sie liegen geschützt zwischen den grünen Kelchblättern und den meist farbigen Blütenkronblättern. Die Kronblätter fallen durch ihre Größe, Farbe und Form auf, sie sollen Insekten als Bestäuber anlocken. Pflanzen mit kleinen, grünlichen, unscheinbaren Blüten setzen meist auf Bestäubung durch den Wind und verzichten auf einen bunten Schauapparat.

Der Aufbau einer Kirschblüte im Querschnitt.

Die meisten Blüten sind zwittrig, enthalten also sowohl männliche als auch weibliche Blütenorgane. Diese stehen sogar räumlich meist eng beieinander. Der weibliche Teil besteht aus dem Stempel, er gliedert sich von oben nach unten in eine meist klebrige Narbe, den Griffel und den Fruchtknoten. Im Fruchtknoten liegen die Samenanlagen. Die Staubblätter gliedern sich in Staubfaden und dem Staubbeutel. Der Staubbeutel enthält den Blütenstaub oder Pollen. Häufig gibt es ein Überangebot an Blütenstaub, etwa bei windbestäubten Blüten. Im Frühjahr ist die Luft voll von Blütenpollen, Allergiker kennen das.

Bei Kürbis, Zucchini und Gurken gibt es zweierlei Blüten an einer Pflanze. Einige Blüten enthalten nur Staubbeutel mit Pollen, andere nur eine Narbe, sie sind getrenntgeschlechtlich. Die männlichen Blüten stehen auf einem langen, dünnen Stiel. Sie welken nach ein paar Tagen und fallen ab. Die weiblichen Blüten erkennt man am Fruchtknoten unter der Blüte, der aussieht wie ein kleiner Kürbis. Er wächst nach erfolgreicher Befruchtung heran. Beim Mais hängen die zahlreichen Narbenäste am Ende des Kolbens, der Pollen wird in den Ähren am Ende der Pflanze gebildet. Wenn sich getrenntgeschlechtliche Blüten an einer Pflanze befinden, also „in einem Haus“, spricht man von Einhäusigkeit.

In seltenen Fällen sind die eingeschlechtlichen Blüten auf verschiedene Pflanzen verteilt. Es gibt rein männliche Pflanzen und rein weibliche, so beim Spargel. Dann spricht man von Zweihäusigkeit. Auch alte Spinatsorten sind zweihäusig.

Einhäusigkeit: Zwei verschiedene Blüten-Typen an der Zucchinipflanze.

Bestäubung, Selbst- und Fremdbefruchter

Damit eine Frucht und Samen entstehen können, muss Pollen der gleichen Art auf die Narbe übertragen werden. Das nennt man Bestäubung. In den meisten Fällen erledigen Insekten die Bestäubung.

Wichtige Bestäuber sind die Honigbienen und die Wildbienen. Andere Pflanzen verlassen sich auf den Transport der Pollenkörner durch den Wind. Die Narbenoberfläche ist meist klebrig, sodass der Pollen gut festgehalten wird. Die passenden Pollenkörner auf der Narbe bilden einen Pollenschlauch. Dieser wächst durch den Griffel in Richtung Fruchtknoten. Dort verschmilzt er mit der Eizelle. Dieser Vorgang wird als Befruchtung bezeichnet, er spielt sich für uns im Verborgenen ab. Pollen und Eizelle enthalten Erbgut der männlichen und weiblichen Pflanze. Die Nachkommen, also die Samen, enthalten eine neue Mischung des Erbgutes beider Eltern.

Bei einigen Pflanzen sind die Blüten so gebaut, dass eigener Pollen die einzelne Blüte bestäubt und befruchtet. Typische Vertreter solcher **Selbstbefruchter** bei den Gemüsepflanzen sind Erbsen und Bohnen, die Duft-Wicken, aber auch der Salat. Wer mit der Saatgutgewinnung im Hausgarten beginnt, sollte mit diesen einfachen Selbstbefruchtern starten. Die Erhaltung von Sorten bei Erbsen und Bohnen ist einfach, da es fast nie zu Verkreuzungen kommt. Die Pflanzen sind leicht zu kultivieren und die Samenhülsen entstehen automatisch, da sie gleichzeitig zur Gemüsenutzung dienen.

Bei anderen Pflanzen muss unbedingt Pollen einer anderen Pflanze der gleichen Art die Blüten bestäuben und befruchten. Bei Bestäubung mit eigenem Pollen gibt es oft keinen Samenansatz oder nur wenige, schwache Samen. Dies sind typische **Fremdbefruchter.** Dazu gehören alle Kohlpflanzen, die Doldenblütler wie die Möhre, die Kürbisse und viele Sommerblumen. Der Samenbau mit fremdbefruchtenden Arten ist etwas aufwendiger. Um Inzucht zu vermeiden, muss eine höhere Anzahl von Pflanzen gleichzeitig blühen. Die Anzahl ist bei den Pflanzenporträts angegeben. Manchmal sind Maßnahmen zur Isolierung notwendig, um Pollen unerwünschter Pflanzen von der Bestäubung auszuschließen. Wer z. B. Saatgut eine Möhrensorte erhalten will, muss verhindern, dass Pollen von blühenden Wildmöhren die Kultursorte bestäubt.

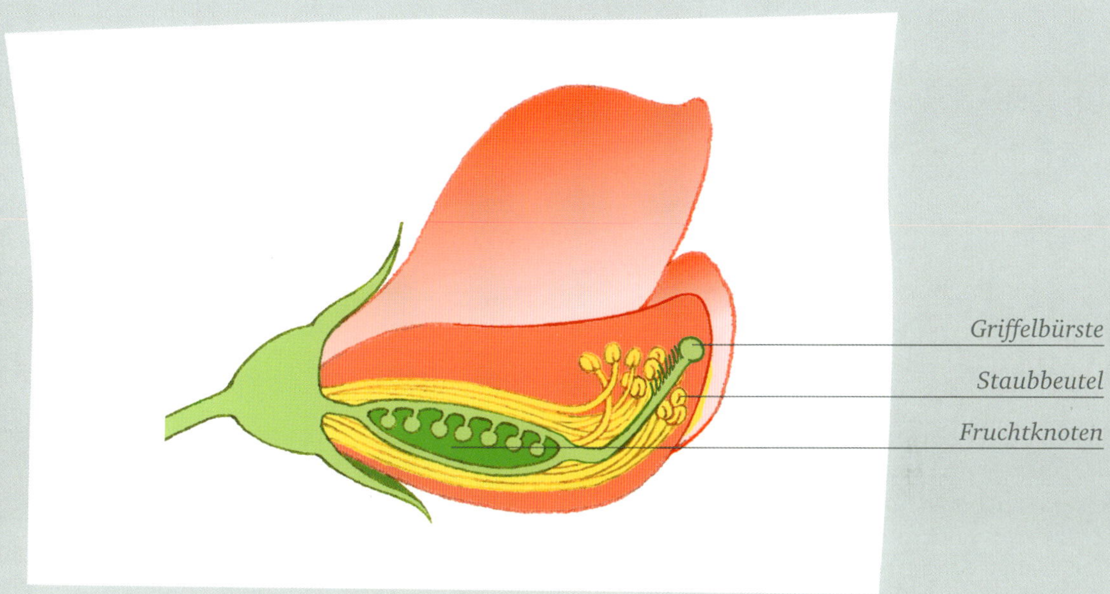

Blüte der Erbse als Selbstbefruchter (oben) und Sonnenblume als Fremdbefruchter (unten).

Sorten erhalten

Pflanzen entwickeln sich ständig weiter und passen sich laufend den Umweltbedingungen an. Mit dem Samenbau im Hausgarten möchten wir eine Sorte so mit ihren Eigenschaften erhalten, wie sie ursprünglich in der Sortenliste beschrieben ist.

Gerade bei alten Landsorten oder Familiensorten, die von Generation zu Generation weitergegeben wurden, wird dies das Ziel sein. Sorten, die im Nachbau aus Samen ihre Eigenschaften behalten, bezeichnet man als „samenfest". Bei Blumen sagt man auch sie „fällt echt", wenn z. B. die Blütenfarbe erhalten bleibt und nicht in andere Farben aufspaltet. Trotzdem müssen wir für die Erhaltung etwas tun. Für die Samengewinnung müssen wir aus der Vielzahl der Pflanzen die auswählen, die den Sorteneigenschaften besonders entsprechen. Diese sind nicht nur die schöne Frucht einer Tomate, sondern auch Eigenschaften wie Blattform oder Reifezeit. Züchter müssen teilweise über vierzig Eigenschaften einer Sorte beurteilen. Als einfache Regel für die Auslese werden Pflanzen, die von der Sortenbeschreibung abweichen, vor der Blüte entfernt. Sie dürfen in der Küche verarbeitet werden. Bei selbstbefruchtenden Sorten wie Erbsen und Bohnen ist die Auslese einfacher als bei Fremdbefruchtern. Bei fremdbefruchtenden Pflanzen wie den Kohlsorten sieht eine Pflanze immer etwas anders aus als ihr Nachbar. Um die gesamte Vielfalt zu erhalten, muss von mehreren Pflanzen Saatgut gesammelt werden. Wer mit dem Samenbau beginnt, sollte erst mal das eigene Saatgut nachbauen, um zu

Die Erbse gehört zu den Selbstbefruchtern.

sehen, ob die Erhaltung geglückt ist, bevor er Samen weitergibt. Man wird mit ein, zwei Sorten beginnen und Erfahrungen sammeln, bevor man sich an komplizierte Kulturen wagt. Es kann nichts schief gehen, die Pflanzen entwickeln sich vielleicht nur nicht in unserem Sinne und überraschen uns mit neuer Vielfalt. Eine Neuzüchtung durch bewusstes Kreuzen wird man selten durchführen, ist aber auch ein spannendes Experiment.

F1-Hybriden sind ein Sonderfall bei den Sortentypen. Meist steht es auf den Samentüten vermerkt, wenn es sich um F1-Hybridsorten handelt. F1 steht für erste Fililal-Generation, die erste Tochtergeneration. Sie wird durch Kreuzung von zwei reinerbig gezüchteten Elternpflanzen vom Pflanzenzüchter immer wieder neu erzeugt. F1-Hybriden sind Hochleistungssorten. Sie sind im Erwerbsgartenbau sehr begehrt, weil die Pflanzen hohe Erträge bringen, gleichmäßig reifen und in der Fruchtform sehr einheitlich sind. Sie sind mischerbig, aber untereinander einheitlich. Erst in der 2. Generation erfolgt eine Aufspaltung nach den Mendelschen Vererbungsregeln. Dies kann interessante Pflanzen hervorbringen oder unerwünscht sein. Jeder kann selbst wählen, ob er F1-Hybridsaatgut nutzt oder nicht.

Grünkohl ist ein Fremdbefruchter wie alle Kohlarten.

Saatgut ernten und reinigen

Die Fruchtstände, Früchte und Samen sind so unterschiedlich wie die Pflanzenarten, die wir anbauen. Sie reichen von dicken Bohnenkernen bis zu staubfeinem Samen der Löwenmäulchen. Den richtigen Zeitpunkt für die Samenernte zu erwischen, ist eine Erfahrungssache.

Die Fruchtstände reifen von grün nach braun ab und werden rascheltrocken. Bohnenhülsen werden beim Trocknen ledrig zäh. Springen die ersten Früchte auf, ist Eile geboten. Günstig ist, wenn das Saatgut an der Pflanze ausreifen kann. Für die Saatguternte wünscht man sich einen langen, trockenen Herbst. Bleiben bei Regenwetter Fruchtstände zu lange feucht, schneidet man sie besser ab und bringt sie ins Trockene. Die Samenstände werden in offene Schachteln, geräumige Papiertüten oder Kopfkissenbezüge gelegt. Keine Plastiktüten verwenden, die feuchten Stängel beginnen sofort zu schimmeln oder die noch feuchten Samen keimen sogar. Gute Dienste leistet eine Wäscheleine, die an einem luftigen Ort aufgespannt wird. Hochgehängte Tüten sind zudem für Mäuse nicht zu erreichen. Langsames Trocknen ist günstiger als schnelles. Die Temperatur sollte nicht über 35 °C liegen. Gleich hier daran denken, die Behälter mit Sortennamen und Erntedatum zu beschriften.

Verschiedene Fruchtformen.

Trockenreinigung

Nach dieser ersten Trocknungsphase kann das Saatgut weiter gereinigt werden. Stängel- und Blütenreste, Spelzen und taube Samen werden entfernt. Bei den kleinen Saatgutmengen aus dem Hausgarten genügt meist die Aufbereitung per Hand, also auspuhlen der einzelnen Samen. Zu harte Früchte können mit Handschuhen oder vorsichtig mit einem Nudelholz bearbeitet werden. Mit einem Haushaltssieb, Teesieb oder Siebsatz mit verschiedenen Lochgrößen kann man größere Samenmengen aussieben und von Hülsenresten trennen. Leichtes Schwingen des Samens auf flachen Tellern und Pusten beseitigt feine Verunreinigungen.

Nassreinigung

Samen, die in Beeren reifen, etwa von Tomaten, Gurken und Kürbissen, werden nass gereinigt. An den Samen sitzt meist noch Fruchtfleisch. Tomaten und Gurkensamen sind von einer gallertartigen Hülle umgeben, die die Keimung in der wasserhaltigen Frucht verhindert. Mit einem Löffel kratzt man die Tomatensamen in ein Glas. Man setzt etwas Wasser und Zucker zu und rührt alles um. Das Glas nicht verschließen, nur abdecken gegen Fruchtfliegen. Nach zwei bis drei Tagen hat sich durch Gärung die gallertartige Schicht um die Samen aufgelöst. Die Samen auf ein Teesieb schütten und unter fließendem Wasser abspülen. Sie werden auf einem Kaffeefilter getrocknet. Kaffeefilter saugen viel Feuchtigkeit auf und es bleiben keine Papierfasern an den Samen hängen. Kürbissamen werden nur über Nacht in Wasser eingeweicht und das Fruchtfleisch abgewaschen.

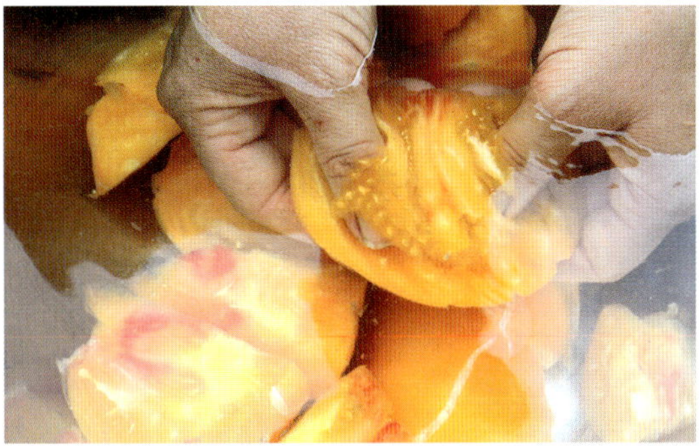

Es ist praktisch die Samenkörner im Wasser herauszulösen, so spritzt es nicht.

Die Samen kommen zwei bis drei Tage in ein Glas mit Wasser und etwas Zucker.

Die Samen auf einem Kaffeefilter oder Pappteller trocknen.

Saatgut lagern

Samen sind schlafende Pflanzen. Sie leben und atmen, wenn auch sehr reduziert. Die meisten Samen können mehrere Jahre überdauern. Über längere Zeit gelagert, verlieren sie ihre Vitalität, die Keimfähigkeit nimmt nach und nach ab. Die Länge der Keimfähigkeit ist zudem von Art zu Art unterschiedlich und hängt von den Lagerbedingungen ab.

Tomatensamen keimen bei guter Lagerung noch nach zehn Jahren. Samen der Pastinake sollten immer frisch verwendet werden, sie keimen sehr schlecht. Die Keimfähigkeit wird bei den Pflanzensteckbriefen angegeben. Es sind keine absoluten Werte, sie können je nach Saatgutqualität und Lagerbedingungen länger oder kürzer ausfallen. Feuchtigkeit und Wärme sind die beiden Faktoren, die die Lebensdauer der Samen verringern. Daher wird dem vollständigen Trocknen der Samen so viel Aufmerksamkeit gewidmet. Kühl, trocken und dunkel sind die besten Bedingungen für die Saatgutlagerung.

Rechtzeitig muss geplant werden, in welchen Gefäßen und wo das Saatgut gelagert werden soll. Viele Behälter eignen sich für die Lagerung: Briefumschläge, sortiert in Schuhkartons eingestellt, Kunststoffdosen mit Deckel, Marmeladengläser mit Schraubdeckel oder Einmachgläser. Ich bevorzuge 250 ml-Marmeladengläser für die Saatgutlagerung. Das Glas ermöglicht eine schnelle optische Kontrolle der Samen. Vorratsschädlinge, die sich durch Papiertüten durchfressen, können sich nicht ausbreiten. Auf Zetteln auf dem Glas und im Glas werden Sortennamen und Erntedatum notiert. Der Beschriftung kann nicht genug Aufmerksamkeit gewidmet werden, verschwundene Zettel und Namen sind ärgerlich. Der Schraubverschluss schließt das Glas luftdicht ab. Samen nehmen Feuchtigkeit aus der Umgebungsluft auf. Um Restfeuchte in den Gläsern zu binden, kann man kleine Beutel mit Silikagel oder Reis in die Gläser legen. Den Reis vorher bei 100 °C in der Mikrowelle trocknen. Die Menge Saatgut zu Reis sollte 1:1 betragen. Feinere Samen fülle ich in kleine Papiertüten ab und packe diese in die Gläser. Im Hauskeller ist bei 10 °C ein Regal für als Saatgutlager eingerichtet. Jeder wird mit der Zeit sein System finden, mit dem er am besten zurechtkommt. Zusätzlich sollte man ein Garten-Notizbuch anlegen. Darin kann man ausführlicher seine Beobachtung aufschreiben, zu den Sortennamen notiert man auch besondere Geschichten zur Herkunft des Saatgutes.

Im Kellerregal lagert das Saatgut griffbereit, dunkel und kühl.

Samen gut sichtbar und verschlossen im Schraubglas.

Wenn es im Glas krabbelt: Schädlinge und Krankheiten an Samen

Die wichtigsten Maßnahmen für gesunde Pflanzen liegen schon in der Kultur, in der Pflege des Gartenbodens und der Einhaltung von Fruchtwechsel und Anbaupausen. Samen sind eine saubere Sache. Die meisten Krankheiten und Schädlinge, die die Pflanzen befallen, betreffen sie nicht.

Den besten Schutz vor Krankheiten und Schädlingen hat man, wenn nur von gesunden Pflanzen Samen geerntet werden. Leider gibt es aber Krankheiten, die sich auf die Übertragung mit dem Saatgut spezialisiert haben. Auch Schädlinge fressen an den Samenkörnern und vermehren sich in unseren Saatgutgläsern.

Vom Bohnenkäfer durchlöcherte Bohnen.

An gelagerten Samen von Garten- und Feuerbohnen tritt der Speisebohnenkäfer als Schädling auf. Zunächst ist an den eingelagerten Samen kein Schaden zu erkennen. Im Saatgutlager schlüpfen dann die Käfer und vermehren sich dort weiter. Die Bohnen sind durch den Fraß der Larven durchlöchert, was ihre Keimfähigkeit verringert. Vom Speisebohnenkäfer befallene Saatgutpartien dürfen so nicht zur Aussaat kommen, sonst befällt er weitere Bohnenpflanzen. Verdächtiges Saatgut, das vollkommen trocken ist, friert man für 5 Tage bei −18 °C im Gefrierfach ein. Dadurch werden alle Entwicklungsstadien der Käfer abgetötet. Die Bohnen immer in dichten Behältern aufbewahren, damit die Käfer nicht zuwandern oder wegfliegen können. Gerade die bunten Bohnensamen sind Sammlerstücke, werden oft selbst vermehrt und weitergegeben. Daher unbedingt auf den Befall mit Bohnenkäfern achten, der sonst mitverteilt wird! An Dicken

Bohnen tritt der Pferdebohnenkäfer auf, der auch durch kreisrunde Löcher in den Bohnen auffällt. Er kann sich im Lager aber nicht weitervermehren. Befallene Dicke Bohnen nicht aussäen. Auch hier wird die Entwicklung des Käfers durch Einfrieren unterbrochen.

Als Schutz vor einigen Pilzkrankheiten, die mit dem Saatgut übertragen werden können, kann der Samen vor der Aussaat einer Heißwasserbehandlung ausgesetzt werden. Die setzt voraus, dass man in einem Wasserbad die Temperatur für 25 – 30 Minuten bei konstant 50 °C halten kann. Die Behandlung eignet sich gegen Keimlingskrankheiten bei Kohl, Möhren und Sellerie. Das Einhalten der Temperatur erfordert ein genaues Thermometer und etwas Erfahrung. Die Samen werden in Stoff- oder dünnen Gazesäckchen in das warme Wasser gehängt und nach der Behandlung abgetrocknet und gleich ausgesät.

Die Blütenendfäule bei Tomaten ist eine Mangelerscheinung, der Pflanze fehlt Kalzium. Samen entnimmt man von solchen Früchten nicht.

Pflanzensteckbriefe

Die Porträts der Pflanzen sind alphabetisch nach ihren deutschen Namen sortiert. Die Steckbriefe fassen die wichtigsten Informationen zusammen, ob die Saatgutgewinnung einfach oder aufwendig ist, wie lange das Saatgut keimfähig bleibt und wie viele Pflanzen gemeinsam blühen sollen. Viele Samen muss man einfach nur reifen lassen.

Die reifen Früchte des Färberwaids.

Akelei

Aquilegia vulgaris, Aquilegia caerulea
Ranunculaceae, Hahnenfußgewächse

Seit dem Mittelalter kultivieren wir diese anmutige Wildpflanze in unseren Gärten. Sie wird auch Elfenhandschuh, Venuswagen oder Taubenblume genannt.

Die gespornte Akeleiblüte.

Ausgesät und angepflanzt

Die Samen der Akelei sät man im Frühjahr in Schalen mit Aussaaterde flach aus. Den Samen nur dünn mit Erde bedecken und andrücken, es sind Lichtkeimer. Die Saatschalen feucht halten und warm bei etwa 20 °C aufstellen. Die Keimung erfolgt meist unregelmäßig über längere Zeit. Nach der Keimung kann die Saatschale kühler bei 15 – 18 °C aufgestellt werden. Große Jungpflanzen können vorsichtig pikiert werden, während andere erst keimen. Sind die Pflanzen stark genug, werden sie ausgepflanzt. Akelei bevorzugen einen schattigen Standort am Rand von Bäumen und Sträuchern. Je feuchter der Boden bleibt, desto sonniger können sie stehen.

Für die Samenernte

Die Akeleiblüte guckt nach unten, ihre Fruchtkapseln stehen aber aufrecht. Wenn die fünf Balgfrüchte sich von grün nach braun verfärben, schneidet man sie mit einem Stück Stiel ab, bevor sie aufspringen. Kopfüber in eine Papiertüte gesteckt, fallen die Samen von selbst aus und können hier nachtrocknen. Reste von Stängeln und Fruchtkapseln lassen sich leicht herauslesen. Die glänzend schwarzen Samen werden später, wenn sie völlig trocken sind, in Schraubgläsern oder kleine mit dem Pflanzennamen und Erntejahr beschrifteteten Papiertüten verwahrt.

An der Pflanze platzen die Balgfrüchte an einer Naht auf. Der Wind bewegt die Kapseln auf ihren hohen Stielen und verstreut die Samen. So sorgen die Pflanzen selbst für Nachwuchs im Garten. Sämlinge werden aber nie lästig, sie ersetzen alte Stauden, die nach 4 – 5 Jahren verschwinden. *Aquilegia vulgaris* kreuzt sich im Garten gern mit anderen *Aquilegia*-Arten wie den Zierformen der aus Nordamerika stammenden, langgespornten *A. caerulea*. Selbst wenn man nur eine Sorte im Garten hat, entstehen aus den Samen Pflanzen mit neuen Blütenfarben und -formen.

Sorten

'GRANDMOTHERS GARDEN':
Blüten gefüllt, gerüscht, altrosa, weinrot, violette Farbmischung, 60 cm hoch

'BIEDERMEIER':
Blüten lang gespornt, verschiedene Blütenfarben, 40 cm hoch

'NORA BARLOW':
Rosen-Akelei, rosa Blüten mit grünen Spitzen, runde gefüllte Blüten ohne Sporn, 70 cm hoch

'RUBY PORT':
weinrot, gefüllt, runde Blüten ohne Sporn, 70 cm hoch

ALPEN-AKELEI, AQUILEGIA ALPINA:
Blüten kräftig blau, mit Sporn, 50 cm hoch

Nach der Blüte bildet sich die grüne Fruchtkapsel.

Samen der Akelei.

Steckbrief

- Schwierigkeitsgrad: einfach
- Kulturdauer: Staude, mehrjährig, aber nicht langlebig, Fremdbefruchter, Bestäubung durch Insekten
- Pflanzenanzahl für Samenernte: 3 – 5
- Keimfähigkeit der Samen: 3 – 4 Jahre

Kalender

	J	F	M	A	M	J	J	A	S	O	N	D
säen / pflanzen:			X	X	X							
Blüte:					X	X						
Saatguternte:							X					

Bohnen

Phaseolus vulgaris
Fabaceae, Hülsenfrüchtler

Stangenbohnen bilden dünne, linksherum windende Triebe. Buschbohnen sind in ihrem Wachstum begrenzt und werden je nach Sorte etwa kniehoch.

Die Blüte der Stangenbohne entwickeln sich in den Blattachseln.

Ausgesät und angepflanzt

Alle Bohnen, oder in Österreich auch bekannt unter dem Namen Fisolen, mögen humose Gartenböden und einen sonnigen Standort. Kompost sollte schon im Vorjahr eingearbeitet werden. Als Schmetterlingsblütler bilden sie Knöllchen an den Wurzeln und können Stickstoff aus der Luft binden. Bohnen sind empfindlich gegen Kälte, sie sterben schon bei 1–2 °C ab. Die Aussaat im Beet kann Anfang bis Mitte Mai erfolgen, wenn die Gefahr von Spätfrösten vorüber ist und die Erde sich erwärmt hat. Je vier bis fünf Bohnen legt man im Abstand von 30 cm in Reihen, Abstand zwischen den Reihen 40 cm. Stangenbohnen sind wärmebedürftiger und werden erst Ende Mai gelegt, sie benötigen 2–3 m hohe Stangen oder Drähte als Rankhilfe. Um jede Stange werden fünf bis sieben Bohnen gelegt. Während der Keimung sollte der Boden nicht verkrusten. Mulch zwischen den Bohnen hält die Erde feucht. Stangenbohnen sind windempfindlich, die Aussaat zwischen Salat oder Spinat schützt sie gegen kalten Wind. Busch- und Stangenbohnen werden angehäufelt, das erhöht ihre Standfestigkeit. Genügend Wasser und Wärme zur Blütezeit ist wichtig, sonst rieseln die Blüten ab. Man kann Bohnen im Topf oder Frühbeetkasten vorziehen und ab Mitte Mai auspflanzen. In Gärten mit Schneckenproblemen bekommen die Pflanzen so einen Entwicklungsvorsprung.

Für die Samenernte

In den Blattachseln entwickeln sich zwei bis acht weiße oder lila Blüten. Die Schmetterlingsblüten sind so gebaut, dass Selbstbefruchtung vorherrscht. Selten kommt auch Fremdbefruchtung durch Insekten vor.
Die fleischigen Hülsen und reifen Körner sind sehr variabel in Größe und Farbe. Wer einmal damit beginnt, verschiedenfarbige Bohnen zu sammeln, kommt schnell auf einige Dutzend Sorten. Für die Samenernte lässt man am

besten an zwei bis drei Stangen und zehn Büschen der Buschbohnen alle Bohnen hängen. Besonders die untersten, ersten Hülsen für Saatgut ernten, wenn sie rascheltrocken und braun sind. Bei anhaltend feuchtem Herbstwetter eher ernten, die Hülsen in luftdurchlässigen Kisten nachtrocknen lassen. Ausgedöppt werden die Kerne erst im Winter. Das geschieht per Hand, dabei fallen gleich andersfarbige Körner auf, die durch Verkreuzung entstanden sind. Farbig gezeichnete Kerne auf das gewünschte Muster auslesen. Nur die gut gefärbten weiter anbauen. Das Farbmuster mit zurückgelegten Kernen vom Vorjahr vergleichen. Trockene Kerne in Schraubgläser abfüllen und beschriften. Um die Entwicklung des Bohnenkäfers zu unterbrechen, die trockenen Kerne 5 – 10 Tage bei −18 °C einfrieren.

Sorten

Es gibt unzählige Haus- und Regionalsorten mit bunten Kernen, die man sammeln kann.

'NECKARKÖNIGIN':
Stangenbohne, gerade, runde, grüne Hülsen, Korn weiß, ohne Fäden

'ZUCKERPERL PRINZESS':
Stangenbohne, Hülse grün, mittellang, runde, weiße Samen, Perlbohnen-Typ, nur etwa 1,50 m hoch

'SAXA':
Buschbohne, Hülse grün, sehr früh, Korn braun, ohne Fäden

Bei alten Sorten öffnen sich die trockenen Hülsen schon an der Pflanze.

Steckbrief

Schwierigkeitsgrad: einfach

Kulturdauer: einjährig, Selbstbefruchter, sehr selten Fremdbefruchtung, Bestäubung durch Insekten

Pflanzenanzahl für Samenernte: 10 – 20

Keimfähigkeit der Samen: 4 – 5 Jahre

Kalender

	J	F	M	A	M	J	J	A	S	O	N	D
säen / pflanzen:					X	X						
ernten / essen:								X	X	X		
Saatguternte:								X	X	X		

Borretsch

Borago officinalis
Boraginaceae, Raublattgewächse

Gurkenkraut oder Himmelsstern sind andere Namen für dieses Würzkraut. Der erste Name weist auf den gurkenähnlichen Geschmack der Blätter hin, der zweite auf die sternförmigen Blüten.

Borretsch blüht von Juli bis September.

Ausgesät und angepflanzt

Die Samen werden ab Ende April direkt 2 cm tief ins Beet gesät. Die Pflanzen bilden eine Pfahlwurzel und lassen sich daher nur ungern verpflanzen. Sie wachsen zügig und beschatten den Boden schnell mit ihren breiten Blättern. Sie eignen sich, um auf frei gebliebenen Flächen das Unkrautwachstum zu unterdrücken. Borretsch hat keine besonderen Bodenansprüche. Auf leichten, sandigen Böden sollte bewässert werden, wenn der Boden austrocknet. Junge Blätter vom Borretsch sind ein klassischer Bestandteil der Frankfurter Grünen Soße. Die Nutzung von Borretsch als Küchenkraut und alte Heilpflanze wird heute kritisch beurteilt. Blätter und Blüten des Krautes enthalten sogenannte Pyrrolizidin-Alkaloide, die als schädlich für die Leber und krebserregend gelten. Diese pflanzlichen Inhaltsstoffe sind grundsätzlich unerwünscht in Lebensmitteln und sollten vermieden werden, auch in kleinen Mengen.

Für die Samenernte

Borretsch blüht lange, von Juli bis September. Meist blüht er blau, seltener findet man die weiß blühende Form. Aus einer Blattrosette streckt sich der Stängel bis 80 cm in die Höhe. Die ganze Pflanze ist mit borstigen Haaren besetzt, die im Gegenlicht silbrig schimmern. Die nickenden Blüten werden gerne von Bienen, Hummeln und anderen Insekten angeflogen, sie bieten reichlich Nektar. Als Bienenweide kann man Borretschsamen mit anderen einjährigen Sommerblumensamen mischen und damit freie Flächen einsäen. Die lange blühenden Flächen locken Bienen und andere Nützlinge an. Borretsch ist ein Dauerblüher. An den wickelartigen Blütenständen öffnen sich nach und nach die Blüten während die Samen schon reifen. Die langen, grünen Kelchblätter umschließen vier harte Nüsschen. Sie lösen sich leicht und fallen zu Boden. Wer Samen aufbewahren will, muss sich hinunter beugen zu den abgeblühten Blütenständen und die dunklen Samen sammeln, bevor sie ausfallen. Borretsch sät sich gerne selbst aus. Wo er einmal gestanden hat, erscheinen im folgenden Jahr ab Mai seine Sämlinge. Man kann sie gleich an ihren großen Blättern erkennen. Wo die Pflanzen stören, lassen sie sich leicht jäten. Borretsch wächst als Gartenflüchtling verwildert an Wegrändern oder auf Schuttflächen.

Die Samen fallen leicht aus den Kelchen heraus.

Sorten

Von Borretsch gibt es bisher keine Sorten, Pflanzen aus Samen verschiedener Anbieter unterscheiden sich in der Größe ihrer Blätter. Es gibt eine weiß blühende Form, die selten zu bekommen ist. Von dieser lohnt sich besonders das Sammeln von eigenem Saatgut.

Borretschsamen löst sich leicht aus dem Blütenkelch und fällt zu Boden.

Steckbrief

Schwierigkeitsgrad: einfach

Kulturdauer: einjährig, Fremdbefruchter, Bestäubung durch Insekten

Pflanzenanzahl für Samenernte: 3–5

Keimfähigkeit der Samen: 2–3 Jahre

Kalender

	J	F	M	A	M	J	J	A	S	O	N	D
säen / pflanzen:				X	X							
Blüte:							X	X	X			
Saatguternte:								X	X	X		

Chili & Paprika

Capsicum annuum
Solanaceae, Nachtschattengewächse

Die Gattung *Capsicum* beinhaltet etwa 30 Arten. Fünf davon sind für den Anbau von Bedeutung. *Capsicum annuum* ist die sortenreichste Art.

Die sternförmigen Paprikablüten sind weiß oder lila.

Ausgesät und angepflanzt

Trotz der Bezeichnung „annuum", einjährig, wächst die Pflanze mehrjährig. Sie ist nicht frosthart, könnte aber auf der warmen Fensterbank weiter gepflegt werden. Ausgesät wird ab Februar bei 20–25 °C in nährstoffarme Anzuchterde. Wärme von unten im Wurzelbereich ist dabei besonders wichtig. Haben die Sämlinge ihr erstes Folgeblatt gebildet, werden sie einzeln in Töpfe mit Pflanzerde pikiert. Dabei die Wurzeln möglichst wenig beschädigen. In warmen Regionen können die Pflanzen ab Ende Mai ins Freiland gesetzt werden, in kühleren Regionen und für die Saatguterhaltung ins Folienhaus, Gewächshaus oder im Topf im Haus auf der Fensterbank. Damit die kleinen Sträucher reichlich Früchte bilden, sollten sie über den Sommer zwei- bis dreimal gedüngt werden. Oft können die Triebe das Fruchtgewicht nicht halten, sie sollten unbedingt angestäbt werden. Die sternförmigen Blüten sind weiß oder lila. Als Frucht entwickelt sich eine Beere, auch wenn wir von Paprikaschoten sprechen. Die dünne Fruchtwand trocknet bei ihrer Reife ein. In den weißen Fruchtscheidewänden und Samen ist das meiste Capsaicin enthalten, der Stoff, der für die Schärfe der Peperoni und Chili verantwortlich ist.

Für die Samenernte

Paprikas sind trotz ihrer offenen Blüte zwar Selbstbefruchter, durch Insekten kommt es aber häufig zu Fremdbestäubung. Für die Samenernte die Pflanzen einer Sorte getrennt von den anderen aufstellen oder man isoliert die blühenden Triebe einzelner Pflanzen, unter insektendichten Vlies-Hauben, bevor sich erste Blüten öffnen. Durch Schütteln der Pflanzen hier für die Bestäubung sorgen. Für die Saatgutgewinnung werden die ersten Früchte verwendet. Die Früchte ganz reif werden lassen, ihre Samen sind dann gelblich und nicht weiß. Die Früchte aufschneiden, Samen von den Scheidewänden herauslösen. Taube Samen aussortieren, auf sauberem Papier trocknen lassen und abfüllen.

Sorten

Jeder kann aus der Vielfalt die Sorten auswählen, die er am liebsten von mild bis scharf nutzten mag. Zahlreiche Sorten können wegen der leichten Kreuzbarkeit nicht eindeutig einer botanischen Art zugeordnet werden.

'ROTER AUGSBURGER':
Pflanzen ca. 60 cm hoch, kurzer, spitz zulaufender Gemüse-Paprika, Früchte rot, ohne Schärfe

'JALAPENO':
6 – 8 cm lange, abgerundete, fleischige Früchte, Früchte rot, mit typischen Korkrissen, mittelscharf

'HABANERO HOT PAPER LANTERN':
gehört zu *C. chinense*, reif gelborange bis rot, trocknet gut, sehr scharf! Kompakte Pflanzen, für den Blumentopf geeignet

Die Sorte Türkischer Paprika im Beetanbau.

Bei der Ernte von scharfen Chilisorten empfiehlt sich das Tragen von Handschuhen, Schutzbrille und Mundschutz.

Steckbrief

- Schwierigkeitsgrad: mittelschwer
- Kulturdauer: einjährig, Selbstbefruchter, Fremdbestäubung häufig durch Insekten, Isolierung erforderlich
- Pflanzenanzahl für Samenernte: 5 – 8
- Keimfähigkeit der Samen: 3 – 4 Jahre

Kalender

	J	F	M	A	M	J	J	A	S	O	N	D
säen / pflanzen:		X	X									
ernten / essen:							X	X	X			
Saatguternte:								X	X			

Dahlie

Dahlia variabilis
Asteraceae, Korbblütler

Dahlien pflanzt man eigentlich als Wurzelknollen. Wer keine Möglichkeit zum Einlagern der Knollen hat, sät die Dahlien einfach aus. Die Sämlingspflanzen blühen schon im ersten Jahr.

Sämlingspflanzen blühen schon im ersten Sommer.

Ausgesät und angepflanzt

Die klassische Methode für Dahlien ist das Pflanzen der Wurzelknollen. Jedes Teilstück muss am Wurzelhals einen Triebansatz haben. An den Knollen selbst können Dahlien nicht austreiben, dort haben sie keine Augen wie etwa eine Kartoffel. Die Knollen werden Ende April so gesetzt, dass sie eine Handbreit tief in der Erde liegen. Es darf keinen Frost mehr geben, das Dahlienlaub erfriert sofort. Man kann die Knollen aus dem Winterlager erst in große Töpfe mit Erde setzten und vorkultivieren. Sie werden dann schon mit grünen Trieben ausgepflanzt, so wachsen sie auch besser den Schnecken davon. Das Pflanzloch groß genug ausheben, damit die Knollen darin genügend Platz haben, eine Gabe Kompost einstreuen. Die Knollen erst gießen, wenn erste Triebe über der Erde erscheinen. Die höheren Sorten müssen locker angebunden werden. Sie kippen sonst mit ihren kompakten Blütenköpfen bei Wind um. Verblühte Blumen werden regelmäßig entfernt, um die Blühwilligkeit zu erhalten. Denn auch Dahlienblüten bilden Samen.

Für die Samenernte

Wer beim Ausschneiden des Verblühten etwas nachlässig ist, wird die Samenstände entdecken. Sie sehen den Blütenknospen sehr ähnlich, weil die grünen Kelchblätter sie genauso umschließen. Selbst die Pompondahlien und Sorten mit gefüllten Blüten bilden einige Samen, wenn in der Blütenmitte noch fruchtbare Röhrenblüten liegen. Den meisten Samen bilden die einfach blühenden Sorten. Die verblühten Blüten, die man für die Samengewinnung trocknen lassen möchte, mit einem Etikett oder Baumwollfaden kennzeichnen.

Zu leicht schneidet man sie aus Versehen ab. Ernten, wenn sie braun und rascheltrocken sind. Auf der Fensterbank nachtrocknen lassen, dann in Papiertüten bis zum Frühjahr luftig aufbewahren. Die Tüten mit dem Namen der Muttersorte kennzeichnen. Im Frühjahr zur Aussaat die Samen ausreiben, sie liegen zwischen den zahlreichen Spelzen und werden leicht übersehen. Eine Kiste mit Aussaaterde füllen, die Samen mit etwas Abstand auslegen und 0,5 cm dünn mit Erde bedecken. Bei 18 – 20 °C keimen die Samen nach etwa zehn Tagen. Wenn sie groß genug sind, werden sie in kleine Töpfe vereinzelt. Wenn kein Frost mehr zu erwarten ist, Ende Mai auspflanzen. Die Sämlinge blühen schon im ersten Jahr. Dahlien sind mischerbig und so sind bei der Nachzucht neue Blütenfarben garantiert.

Sorten

'BISHOP OF LLANDAFF':
Blüten rot, kaum gefüllt, Laub dunkelrot, 1 m hoch

'BLÜTENMEER':
Blüten lila mit weißer Halskrause, Laub grün, 80 cm hoch

'MANDARIN':
Blüten gelb mit dunkler Mitte, einfach blühend, dunkles Laub, 70 cm hoch

'SCHLOSS REINBEK':
Blüten lachsorange mit roter Mitte, Wuchs buschig, nur 40 cm hoch

Die Samen der Dahlie werden geerntet wenn sie braun und rascheltrocken sind.

Steckbrief

Schwierigkeitsgrad: einfach

Kulturdauer: Staude oder einjährig, Fremdbefruchter, Bestäubung durch Insekten

Pflanzenanzahl für Samenernte: 3 – 5

Keimfähigkeit der Samen: 4 – 6 Jahre

Kalender

	J	F	M	A	M	J	J	A	S	O	N	D
säen / pflanzen:			X	X								
Blüte:								X	X	X		
Saatguternte:								X	X			

Dicke Bohnen

Vicia faba
Fabaceae, Hülsenfrüchtler

Sie gelten als derbe Kost. Dabei sind mediterrane Salate mit Dicken Bohnen leckere Beilagen zu Sommermenüs. Zudem sind Dicke Bohnen als blühende Pflanzen ein Schmuck für den Küchengarten.

Ausgesät und angepflanzt

Dicke Bohnen, auch Puffbohnen genannt, vertragen, anders als unsere Grünen Bohnen (*Phaseolus vulgaris*), Frost bis −5 °C und gedeihen auch noch in Höhenlagen bis 1500 m. Die Aussaat sollte so früh wie möglich Ende Februar / Anfang März erfolgen. Puffbohnen bevorzugen einen nährstoffreichen, aber gut wasserdurchlässigen Gartenboden. Für die Aussaat nimmt man einen Reihenabstand von 40 cm für niedrige Sorten, 60 cm für hohe Sorten. In der Reihe werden alle 10 cm je zwei bis drei Körner eingelegt bei einer Saattiefe von 8 – 10 cm. Die tiefe Saat erhöht die Standfestigkeit der Pflanzen. Die Bohnen keimen nach acht bis zehn Tagen. Während des Wachstums sollten die Pflanzen gut mit Wasser versorgt werden. Bei Trockenheit während der Blütezeit fallen viele Blüten ab. Ausgestreuter Mulch hält den Boden zwischen den Reihen feucht. Zur Verbesserung der Standfestigkeit werden die Bohnen angehäufelt. Werden die Triebspitzen im Juni von der Schwarzen Bohnenblattlaus befallen, diese mitsamt den Läusen abknipsen. Wem der frühe Aussaattermin zu heikel ist oder wer unter Schnecken im Garten leidet, kann die Bohnen im Blumentopf vorkultivieren. Vorher abgehärtet, vertragen sie das Auspflanzen gut.

Blühende Dicke Bohnen. Die Blüten sind weiß mit schwarzen Flecken auf den Flügeln.

Für die Samenernte

Die Blüten sind weiß mit schwarzen Flecken auf den Flügeln. Rot blühende Sorten sind besonders dekorativ. Insektenbesuch oder das Bewegen der Blüten fördert die Selbstbestäubung und damit den Fruchtansatz. Die dickfleischigen Hülsen sind innen samtartig behaart und enthalten drei bis acht große Samen. Diese können weißbraun, grün oder braunrot sein. Mit der Reife werden die Hülsen lederartig und durch Oxidation schwarz. Sie werden im August / September geerntet und können offen in Holzkisten nachtrocknen. Das Auslösen der Kerne kann später im Herbst oder Winter erfolgen. Beim Auspahlen die Körner auf Befall mit dem Pferdebohnenkäfer kontrollieren. Kleine runde Löcher oder noch durch die Samenschale verschlossene „Fensterchen" in den Bohnen weisen auf Befall hin. Eine Kältebehandlung für zwei Wochen bei −18 °C in der Kühltruhe führt zum Absterben der Larven in den Bohnen, so schädigen sie nicht weiter. Befallene Bohnen ohne Kältebehandlung nicht aussäen, da so die Käfer erneut in den Garten gelangen. Werden die Samen in Schraubgläsern aufgehoben, erleichtert das die Käfer-Kontrolle.

Sorten

'CON AMORE':
Blüten weiß mit schwarzem Fleck, sehr frühe Sorte, ca. 100 cm hoch, lange Hülsen mit 5 – 6 Körnern, grünkernig

'AQUADULCE':
für frühe Aussaaten, Hülsen mittel bis lang, Bohnen weiß

'RED EPICURE':
Höhe bis 90 cm, lange Hülsen, Korn rotbraun

'KARMESIN':
Wuchs kompakt, 50 cm hoch, Blüte rot, Hülsen kurz, nur 2 – 3 Körner, gut als Beeteinfassung

Die Samen einer braunkernigen Sorte.

Steckbrief

Schwierigkeitsgrad: mittelschwer

Kulturdauer: einjährig, Selbst- und Fremdbefruchter, Verkreuzungen kommen vor

Pflanzenanzahl für Samenernte: 10 – 15

Keimfähigkeit der Samen: 4 – 6 Jahre

Kalender

	J	F	M	A	M	J	J	A	S	O	N	D
säen / pflanzen:			X	X								
ernten / essen:							X	X				
Saatguternte:									X	X		

Dill

Anethum graveolens var. *hortorum*
Apiaceae, Doldenblütler

Schon beim Hantieren mit den Samen verbreitet sich der typische würzige Dillgeruch.

Die gelbe Doldenblüte beim Dill.

Ausgesät und angepflanzt

Als Würzkraut ist frischer Dill in der Küche als Zutat für Salate, Dips und Soßen gefragt. Aus dem eigenen Garten kann man die zarten Blätter den ganzen Sommer über frisch ernten. Dazu sät man Dillsamen ab April aus. Er braucht einen Boden mit Humus- und Lehmanteil, der Feuchtigkeit speichern kann. Dill verträgt keine Trockenheit, deshalb sollten die Pflanzen in trockenen Zeiten gegossen werden. Wer Dill in Massen in der Küche verwendet, sät ihn am besten direkt in Reihen aus. Die Samen werden mit wenig Erde abgedeckt und mit der Rückseite der Harke angedrückt. Dill soll in der Fruchtfolge nicht nach sich selbst oder anderen Doldenblütlern angebaut werden. Da dies auch für andere Gemüse aus der Familie der Doldenblütler gilt, hat sich die Beimischung zu Möhrensamen bewährt. Wenn im nächsten Jahr die Möhren auf ein anderes Beetstück wandern, wandert der Dill gleich mit. Er kann ebenso in den Spinat- und Salatreihen ausgesät werden. Um die Dillblätter zu nutzen, kann bis Juni immer nachgesät werden. Für die Samenernte schossen die spät ausgesäten Pflanzen meist zu früh und bleiben eher klein.

Für die Samenernte

Wenn die Tage länger und wärmer werden, bilden sich beim Dill die Blütenstiele. Die Pflanzen strecken sich, werden 1 – 1,20 m hoch. Im Juli und August blühen die gelbgrünen Doppeldolden. Sie werden von zahlreichen Insekten, Schwebfliegen, Bienen und Käfern, bestäubt. Es bildet sich eine kräftige Hauptdolde und zahlreiche kleinere Nebendolden. Sobald ab August die Dolden braun werden, kann man sie zur Samenernte abschneiden. Die größten Dolden dabei bevorzugen, sie bilden die kräftigsten Samen.

An trockenen Tagen immer wieder nachsehen, ob Dolden geerntet werden können. Die Dolden in einer Papiertüte sammeln und für zwei bis drei Wochen nachtrocknen lassen. Die Samen können mit der Hand durch Aneinanderreiben der Dolden abgelöst werden. Mit einem Küchensieb werden feine Verunreinigungen abgetrennt. Schon sind die Gurkenkraut-Samen fertig. Außer als Saatgut können die Samen auch für Teemischungen und zum Würzen in der Küche verwendet werden.

Sorten

Beim Dill gibt es einige Sorten. Sie unterscheiden sich nicht gravierend in ihrem Aussehen. Zur Samengewinnung kann nur eine Sorte angebaut werden, da sich die Sorten als Fremdbefruchter verkreuzen würden.

'BOUQUET':
niedrige, feinblättrige Sorte, kompakter Wuchs

'HERCULES':
ertragreiche, hoch wachsende, neue Sorte, bildet viel Blattmasse

'SPERLI´S ELEFANT':
starker Wuchs, dunkelgrünes Blatt, bis 1,20 m hoch

'TERTA-DILL':
großes, kräftiges Laub, starke Stängel

Dillsamen duften würzig.

Steckbrief

- Schwierigkeitsgrad: einfach
- Kulturdauer: einjährig, Fremdbefruchter, Bestäubung durch Insekten
- Pflanzenanzahl für Samenernte: 8 – 10
- Keimfähigkeit der Samen: 2 – 3 Jahre

Kalender

	J	F	M	A	M	J	J	A	S	O	N	D
säen / pflanzen:				X	X							
ernten / essen:						X	X	X				
Saatguternte:								X				

Duft-Wicke

Lathyrus odoratus
Fabaceae, Hülsenfrüchtler

Mit ihren duftenden Blüten sollten sie häufiger in den Gärten gepflanzt werden. Die einjährigen Kletterpflanzen halten sich mit ihren Ranken an Drahtzäunen oder Schnüren fest.

Für eine reiche Blüte pflanzt man die Duft-Wicke an einen sonnigen Platz.

Ausgesät und angepflanzt

Die Aussaat der großen, runden Samen erfolgt ab April bis Mai direkt ins Beet vor die Rankhilfe. Die Samen 2 – 3 cm tief in eine Rille mit etwas Abstand auslegen und mit Erde bedecken. Ein kurzes Vorquellen der Samen in Wasser beschleunigt die Keimung. Wenn Schnecken im Garten ein Problem sind, können vier bis fünf Samen im Topf ausgesät werden. Die Töpfe kühl bei 15 – 18 °C aufstellen. Duft-Wicken, auch Edel-Wicken genannt, bilden sofort eine lange Pfahlwurzel, deshalb eignen sich flache Aussaatschalen nicht für die Vorkultur. Nach dem Abhärten die etwa 10 cm großen Jungpflanzen auspflanzen. Leichte Fröste schaden den Wicken nicht. Der Boden für Wicken sollte kalkhaltig sein, sie benötigen nur wenig Dünger, da sie als Fabaceen den Luftstickstoff nutzen können. Für eine reiche Blüte an einen sonnigen Platz pflanzen. Wicken benötigen dünne Rankhilfen, an denen sie sich mit ihren feinen Blattranken festhalten können. Je nach Sorte wachsen sie 2 – 2,50 m in die Höhe. Es gibt auch Zwergformen, die nur bis 30 cm hoch werden und nicht ranken.

Für die Samenernte

Die Blütezeit der Wicken beginnt ab Juni und geht bis in den September. Die Blüten sitzen zu mehreren an langen Stielen. Das und ihr Duft machen sie auch als Schnittblumen beliebt. Die Blütenfarben reichen von weiß, rosa, rot, lavendel- und marineblau bis zu zweifarbigen Blüten. Die Blüte ist wie bei einer Erbse aufgebaut, mit Fahne, seitlichen Flügeln und dem Schiffchen. Wicken sind Selbstbefruchter. Auch bei Kultur mehrerer

Farbsorten lassen sich mit etwas Pflanzabstand die Farben rein erhalten. Als Frucht bildet sich eine grüne Hülse, die mehrere der großen Samen enthält. Wenn die Hülsen sich braun verfärben, sollte man sie mit der Schere abschneiden, die Hülsen zum Nachtrocknen warm und offen in flache Kisten auslegen. Aus den trockenen Hülsen lassen sich die Samen wie Erbsen herauspuhlen. Wenn sie ganz trocken sind, die Samen in Papiertüten oder Schraubgläser aufbewahren. Die Samen bleiben etwa drei bis vier Jahre keimfähig.

Sorten

'CUPID PINK':
Zwerg-Wicke, Blüten weiß mit rosa, duftend, nur 30 cm hoch, geeignet für Topfkultur, als Beetrand

'CUPANI':
Blüten dunkelburgunderrot mit violettem Schiffchen, stark duftend, 2 – 2,50 m hoch

'DARK MAROON':
Blüten samtig dunkelrot, guter Duft, große Blüten, Höhe 2 – 2,50 m

'ELEGANCE LAVENDER':
Blüten hell lavendelfarben, mittelgroß, Höhe 2 – 2,50 m

'STREAMERS SCARLET':
Grundfarbe der Blüten weiß, mit roter Maserung, große Blüten, guter Duft, Höhe 2 m

Die Samen der Wicken sind kugelrund.

Steckbrief

- Schwierigkeitsgrad: einfach
- Kulturdauer: einjährig, Selbstbefruchter
- Pflanzenanzahl für Samenernte: 8 – 10
- Keimfähigkeit der Samen: 3 – 4 Jahre

Kalender

	J	F	M	A	M	J	J	A	S	O	N	D
säen / pflanzen:				X	X							
Blüte:							X	X	X			
Saatguternte:								X	X			

Endivien

Cichorium endivia
Asteraceae, Korbblütler

An den himmelblauen Blüten zeigt sich, dass Endivien und wilde Wegwarte verwandt sind. Endivienpflanzen blühen allerdings erst im zweiten Jahr.

Erntereife Köpfe von Krausblättrigem Frisée-Endivien.

Ausgesät und angepflanzt

Ende Juli, Anfang August werden die Samen in einem Jungpflanzenbeet ausgesät. Zu früh ausgesäte Pflanzen können schon im ersten Jahr Blüten bilden, was nicht erwünscht ist. Mit vier Blättern werden die Jungpflanzen mit 30 x 30 cm Abstand ins Beet gesetzt. Beim Umpflanzen keine Wurzeln abreißen und diese möglichst gerade ins Pflanzloch setzen. Endivien sind Tiefwurzler. Zum Anwachsen die Pflanzen wässern, auch später bei Trockenheit. Die Endivie hat geringe Wärmeansprüche, verträgt als Mittelmeerpflanze aber nur geringen Frost. Bei Endivien ist, wie auch bei Radicchio und Chicorée, der Fruchtwechsel zu beachten. Im Spätherbst vor dem Frost müssen die Pflanzen, die nächstes Jahr blühen sollen, aus dem Beet genommen werden. Dazu setzt man sie mit eingekürzten Blättern in große Blumentöpfe in sandige Pflanzerde. So sind sie transportabel und sollen frostfrei und hell überwintern.

Für die Samenernte

Man sollte mehr Pflanzen einlagern als im Frühjahr ausgepflanzt werden, etwa 15 – 20 Stück. Es können immer einige ausfallen, die Frisée-Typen faulen leicht. Im Frühjahr die Pflanzen mit 40 x 40 cm Abstand ins Beet auspflanzen. Es bilden sich frische Blätter und der etwa 1 m hohe Blütenstand. Den stark verzweigten Samenstand anbinden. Die blauen Blüten öffnen sich nach und nach ab Juni über mehrere Wochen. Es sind Selbstbefruchter, aber von Insekten werden sie auch fremdbestäubt. Für kleinere Samenmengen kann man die trockenen Samenhüllen mehrfach durchpflücken. Die Früchte der ersten Blüten bilden den vitalsten Samen. Für größere Samenmengen schneidet man die ganzen trockenen Triebe ab, lässt sie nachtrocken und muss sie ausdreschen und reinigen. Endiviensorten kreuzen sich untereinander, aber nicht mit Radicchio und Chicorée.

Sorten

'BUBIKOPF 2':
leicht gewellte Blätter, dichtes, gelbes Herz

'GRÜNER ESCARIOL':
breiter Kopf mit glatten Blättern, gut im Herbst lagerfähig im Erdeinschlag

'EMINENCE':
breite Blätter leicht gewellt, dichte Köpfe, gelbes Herz

'WALLONE':
Frisée mit fein gekrausten Blättern

'CHRONO':
Frisée mit feinen krausen Blättern, große Köpfe, gelbes Herz

Die blaue Endivienblüte erinnert an die Wegwarte.

Endiviensamen mit kurzem Haarschopf.

Steckbrief

- Schwierigkeitsgrad: schwierig
- Kulturdauer: zweijährig, Selbst- und Fremdbefruchtung, Bestäubung durch Insekten
- Pflanzenanzahl für Samenernte: 8 – 10
- Keimfähigkeit der Samen: 3 – 5 Jahre

Kalender

	J	F	M	A	M	J	J	A	S	O	N	D
säen / pflanzen:							X	X	X			
ernten / essen:										X	X	X
Saatguternte:							X	X				

Erbsen

Pisum sativum
Fabaceae, Hülsenfrüchtler

Gartenerbsen wachsen je nach Sorte zwischen 50 und 200 cm in die Höhe. Niedrige Sorten stützen sich gegenseitig mit ihren Ranken. Hohe Sorten benötigen ein Rankgerüst aus Draht oder Birken- oder Haselnusszweigen.

Bunt blühende Erbsensorte.

Ausgesät und angepflanzt

Der Anbau gelingt am besten auf Gartenboden mit ausreichend Humus und Kalk. Palerbsen können als erste ab Mitte März ausgesät werden, Mark- und Zuckererbsen ab Mitte April. Zwei bis vier Samen werden im Abstand von 10 cm etwa 5 cm tief abgelegt, damit Tauben oder andere Vögel sie nicht aus der Erde picken. Von Reihe zu Reihe einen Abstand von 60 – 80 cm einhalten. Sind die Pflanzen 15 cm hoch, häufelt man sie an und leitet sie an die Drahtgitter oder Reiser. In der Fruchtfolge werden Erbsen nicht nach sich selbst oder nach anderen Hülsenfrüchten angebaut, es sollte eine Pause von fünf Jahren eingehalten bzw. das Beet gewechselt werden.

Für die Samenernte

Eine Erbsenblüte ist so gebaut, dass sie sich in der Regel selbst bestäubt. Wer mehr als eine Sorte für die Sortenerhaltung vermehrt, sollte sie trotzdem mit etwa 10 m Abstand anbauen. Da Erbsen schon im Sommer reifen, kann man die Hülsen an den Pflanzen eintrocknen lassen. Wird es zu regnerisch, können die schon ledrig eingetrockneten Hülsen abgepflückt werden. Alternativ zieht man die ganzen Pflanzen auf und lässt sie unter Dach nachtrocknen. Reife Hülsen von den Pflanzen abschneiden und in Kisten nachtrocknen lassen. Die Körner können später per Hand ausgepuhlt werden. Angenagte und löchrige Körner, zu kleine, schmächtige Körner dabei aussortieren. Die Samen der Palerbsen, auch Schal- oder Brockelerbsen genannt, bleiben rund und glatt. Die Hülsen haben eine Pergamentschicht. Dies sind unsere typischen Suppenerbsen. Die Samen der Mark- oder Runzelerbsen schrumpfen stark und sind daher runzlig. Dies sind die typischen Sorten für den Frischverzehr und als Tiefkühlerbsen.

Nach dem Trocknen lassen sie sich nicht mehr weich kochen. Die Hülsen haben eine Pergamentschicht. Die Zuckererbsen bilden keine Pergamentschicht in den Hülsen. Sie werden jung als ganze Hülse zubereitet. Da man sie selten frisch kaufen kann, lohnt sich der eigene Anbau besonders. Ihre Körner können glatt oder mehr oder weniger runzlig sein.

Sorten

'GRAUE BUNTBLÜHENDE':
Zuckererbse, 100 – 120 cm hoch, Blüten lila-rosa, Hülsen grün, Körner zeichnen sich durch die Hülse ab, reifes Korn braun, gesprenkelt

'KAPUZINERERBSE BLAUWSCHOKKERS':
bis 180 cm hoch, Blüte lila-rosa, Hülsen blau, Körnern frisch grün, reifes Korn braun, Verwendung als Trockenerbse für sämige Erbsensuppe, für den dekorativen Gemüsegarten

'KLEINE RHEINLÄNDERIN':
Palerbse, 50 cm niedrigwüchsig, frühe Sorte

'SCHWEIZER RIESEN':
Zuckererbse, 180 – 200 cm hoch, Blüten lila-rosa, Hülsen 14 – 16 cm, sehr groß und breit

'SUGAR BON':
Zuckererbse, 60 – 80 cm hoch, mit fleischigen Hülsen

'WUNDER VON KELVEDON':
Markerbse, niedriger Wuchs, 40 cm, Reife früh

Gelbe Samen einer Palerbse.

Steckbrief

- Schwierigkeitsgrad: einfach
- Kulturdauer: einjährig, Selbstbefruchter, Fremdbefruchtung sehr selten
- Pflanzenanzahl für Samenernte: 20 – 25, ca. 1,50 m Saatreihe
- Keimfähigkeit der Samen: 3 – 4 Jahre

Kalender

	J	F	M	A	M	J	J	A	S	O	N	D
säen / pflanzen:			X	X	X							
ernten / essen:						X	X	X				
Saatguternte:							X	X				

Färberwaid

Isatis tinctoria
Brassicaceae, Kreuzblütler

Färberwaid blüht zwar gelb, heißt aber auch „blaues Gold". Die Blätter werden seit dem Altertum zum Blaufärben von Stoffen eingesetzt.

Gelb blühender Färberwaid.

Ausgesät und angepflanzt

Der Färberwaid gehört zu den zweijährigen Pflanzen. Im ersten Jahr erfolgt die Entwicklung von Blattrosette und Wurzeln, im zweiten Jahr blühen die Pflanzen. Danach sterben sie meist ab. Ab März / April sät man in Saatschalen aus. Die Samen dünn abdecken, andrücken, feucht halten und bei 20 °C aufstellen. Der Samen keimt nicht gleichmäßig, aber ohne Probleme. Im Mai die Pflanzen in Gruppen von 3 – 5 Pflanzen in die Beete setzen. Am Anfang wachsen die Blattrosetten nur langsam, daher um die Pflanzen den Boden frei von Unkraut halten. Färberwaid bevorzugt einen sonnigen Standort auf nährstoff- und kalkhaltigem Boden. Bis zum Herbst wachsen graugrüne Blattrosetten von etwa 40 cm Durchmesser. Die Pflanzen sind winterhart. Im zweiten Jahr streckt sich die Blattrosette zu einem 1 – 1,50 m hohen Blütenstand.

Färberwaid stammt aus den Steppengebieten Westasiens. In Europa wird er seit dem Altertum als Färberpflanze kultiviert. Aus den gequetschten und fermentierten Blättern gewinnt man den wertvollen blau färbenden Farbstoff Indigo. In Deutschland wurde Waid hauptsächlich im Raum Erfurt (Thüringen) feldmäßig angebaut.

Für die Samenernte

Wenn der Waid im folgenden Jahr ab Mai blüht, erinnern die Flächen mit ihren hellgelben Blüten an ein Rapsfeld. Die Blütenstängel sind dicht verzweigt. Anders als bei den meisten Kohlgewächsen entsteht nach der Blüte als Frucht keine runde Schote. Die Waidfrüchte sind kurz gestielte, hängende, flache, geflügelte Schötchen. Zur Reife verfärben sie sich glänzend schwarz und dekorieren damit noch einmal den Staudengarten. Die alte Blattrosette stirbt nach der Blütezeit ab. Die Samenernte ist leicht, die dunklen Schötchen einfach abstreifen und in Papiertütchen sammeln. Die Samen werden nicht aus den Schötchen herausgepuhlt, sondern können so ausgesät werden. An für ihn passenden Standorten sät sich der Waid selbst aus. So hat man jedes Jahr ein paar goldene Blütenwolken.

Der Blütenstand setzt sich aus vielen kleinen Blüten zusammen.

Sorten

Vom Färberwaid gibt es keine Sorten.

Früchte vom Färberwaid sind glänzend schwarz und auch dekorativ im Staudengarten.

Steckbrief

- Schwierigkeitsgrad: einfach
- Kulturdauer: zweijährig, Fremdbefruchter
- Pflanzenanzahl für Samenernte: 3–5
- Keimfähigkeit der Samen: 3–4 Jahre

Kalender

	J	F	M	A	M	J	J	A	S	O	N	D
säen / pflanzen:			X	X	X							
Blüte:					X	X						
Saatguternte:							X					

Feldsalat

Valerianella locusta
Caprifoliaceae, Geißblattgewächse

Feldsalat ist eine heimische Wildpflanze, die vom Acker in den Garten geholt wurde. Seine zahlreichen regionalen Namen zeugen davon, wie beliebt er ist.

Blattrosetten der Sorte 'Radion'.

Ausgesät und angepflanzt

Feldsalat, auch als Ackersalat oder Rapunzel bekannt, ist eine typische Nachkultur auf Gemüsebeeten, die im Spätsommer frei werden. Ab Ende August, wenn es kühler wird, kann ausgesät werden. Wer im Frühjahr aussäen möchte, sollte dies so früh wie möglich tun. Feldsalat hat keine hohen Wärmeansprüche für die Keimung. Er bevorzugt kalkhaltigen, humosen, lehmigen Boden. Er ist ein Dunkelkeimer, die Samen sollen nur flach abgelegt werden, dafür gut andrücken. Aussaaten in Reihen mit 15 cm Abstand können einfacher durchgehackt werden als breit ausgeworfenes Saatgut. Die kleinen Pflanzen vertragen keine Konkurrenz durch Unkräuter. Für die Aussaat am besten feuchtes Wetter nutzen. Bis zum Spätherbst wachsen die Blattrosetten mit kleinen, spatelförmigen, dunkelgrünen Blättern heran. Von den für die Samenernte vorgesehenen Pflanzen werden keine Blättchen geerntet. Mit einer Schneedecke sind im Winter die Pflanzen gut geschützt. Bei Frost ohne Schnee die Reihen mit Reisig oder Laub dünn abdecken, dies schützt auch vor der Wintersonne. Feldsalat verträgt es, alle zwei Jahre auf dem gleichen Beet angebaut zu werden.

Für die Samenernte

Im Frühjahr wächst der Feldsalat gleich weiter und kommt im April zur Blüte. Die Frühjahrsaussaat blüht im Mai. Selbstbefruchtung ist die Regel, durch Insekten kommt auch Fremdbefruchtung vor. An der ganzen Pflanze werden die Samen zu unterschiedlichen Zeiten reif. Fallen zu viele Samen aus, die Samenstände abschneiden und in offene Kistchen auf Zeitungspapier legen und nachtrocknen. Aus den trockenen Pflanzen die Samen nur ausklopfen, sie fallen leicht aus. Der frisch geerntete Samen keimt nicht gut. Er keimt am besten, wenn er ein Jahr alt ist. Wer gleichzeitig mehrere Sorten für Saatgut anbauen will, sollte 30–50 m Abstand halten und während der Blütezeit höhere Pflanzen dazwischen setzen.

Blühender Feldsalat.

Sorten

'BARON':
breitrundes Blatt, kleine Blattrosetten, schnellwüchsig

'HOLLÄNDISCHER BREITBLÄTTRIGER':
lange, dunkelgrüne Blätter, große Blattrosetten

'DUNKELGRÜNER VOLLHERZIGER':
kompakter Wuchs, dunkelgrüne Blätter

'VIT':
längere, dunkelgrüne Blätter, gute Frosthärte, tolerant gegen Falschen Mehltau

Die Samen sind klein und leicht.

Steckbrief

Schwierigkeitsgrad: einfach

Kulturdauer: zweijährig, Selbstbefruchtung die Regel, Fremdbefruchtung kommt vor, Bestäubung durch Insekten

Pflanzenanzahl für Samenernte: 10–15

Keimfähigkeit der Samen: 3–4 Jahre

Kalender

	J	F	M	A	M	J	J	A	S	O	N	D
säen / pflanzen:		X	X					X	X	X		
ernten / essen:										X	X	X
Saatguternte:				X	X							

Fenchel

Foeniculum vulgare
Apiaceae, Doldenblütler

Fenchel ist sehr vielfältig verwendbar. Wir können ihn einmal als Gemüse und einmal als Teepflanze genießen. Die Knolle ist attraktiv im Beet und duftet aromatisch.

Erntereifer Knollenfenchel im Beet. Wärme begünstigt das Wachstum.

Ausgesät und angepflanzt

Fenchel stammt aus dem Mittelmeergebiet und benötigt Wärme zum Wachsen. Die Samen des Gewürzfenchels können direkt ins Kräuterbeet gesät werden. Mit der Aussaat des Gemüsefenchels hat es keine Eile, er ist eine typische Folgekultur, wenn die ersten Salate ein Stück Beet freimachen. Ausgesät wird ab Mai in Saatschalen, die Keimung kann über zwei Wochen dauern. Die feinen Keimlinge werden sorgfältig pikiert und mit möglichst gerader Wurzel in größere Töpfe umgesetzt. Die Jungpflanzen setzt man Anfang Juli an einer warmen, sonnigen Stelle ins Beet. Bei Fenchel den Fruchtwechsel beachten, man sollte ihn nicht nach anderen Doldenblütlern wie Möhren, Sellerie oder Petersilie setzen. Der Boden sollte ausreichend feucht sein, damit die Knollen zügig wachsen können. Jetzt sollte es keine niedrigen Temperaturen unter 15 °C mehr geben, da diese bei Fenchel den Blühreiz auslösen würden. Auch Trockenheit fördert die verfrühte Blütenbildung. Bis zum Herbst sollen die Pflanzen starke Knollen ausbilden.

Für die Samenernte

Der Gewürzfenchel ist frosthart und kann wie eine Staude kultiviert werden. Für eine Samenernte ist bei ihm die Blüte erwünscht. Der als Gemüse genutzte Fenchel soll erst im zweiten Jahr blühen. Die Pflanzen dürfen auf keinen Fall im ersten Kulturjahr Blüten bilden, solche werden aussortiert und können noch in der Küche verwendet werden. Die schönsten zwanzig Knollen werden vor dem ersten Frost aus dem Boden gehoben, die Blätter eingekürzt und mit den Wurzeln in Kisten oder Eimer mit Erde eingesetzt. Die Knollen kühl und trocken überwintern. In feuchten Kellern können die Knollen verpilzen und faulen, sodass mit Ausfällen zu rechnen ist. Im Frühling werden die gesündesten zehn bis fünfzehn Knollen wieder ins Beet gepflanzt. Wenn die Tage länger werden, bilden sich die Blütenstiele mit großen, gelbgrünen Blütendolden. Schwebfliegen und andere Insekten sorgen für die Fremdbestäubung. Die Pflanzen werden 1,20 – 1,60 m hoch, sie sollten daher angebunden werden. Die Samen reifen nur bei warmem, trockenem Herbstwetter gut aus. Sie sollten ausreichend nachtrocknen, bevor sie in Gläser gefüllt werden, damit die Samen nicht schimmeln. Gemüse- und Gewürzfenchel gehören zur gleichen Art und können sich miteinander verkreuzen.

Stauden-Fenchel mit großen, gelbgrünen Blütendolden.

Sorten

'FINALE':
schossfest, feste, weißgrüne Knollen

'SELMA':
schossfest, frühe Sorte

Der Fenchelsamen sollten ausreichend nachtrocknen, bevor er in Gläser gefüllt wird.

Steckbrief

- Schwierigkeitsgrad: schwierig
- Kulturdauer: zweijährig, Gewürzfenchel als mehrjährige Staude, Fremdbefruchter, Bestäubung durch Insekten
- Pflanzenanzahl für Samenernte: 10 – 15
- Keimfähigkeit der Samen: 2 – 3 Jahre

Kalender

	J	F	M	A	M	J	J	A	S	O	N	D
säen / pflanzen:					X	X						
ernten / essen:									X	X	X	
Saatguternte:							X	X				

Feuerbohne

Phaseolus coccineus
Fabaceae, Hülsenfrüchtler

Die lachsroten Blüten der Feuerbohnen fallen in jedem Garten schon aus der Ferne auf. Ihre großen Samen liegen wie Schmeichelsteine in der Hand.

Zweifarbige Blüten in karminrot und weiß.

Ausgesät und angepflanzt

Die Feuerbohnen stammen wie unsere Stangen- und Buschbohnen aus Mittel- und Südamerika und sind auch unter den Namen Prunkbohnen oder Käferbohnen bekannt. Sie wachsen dort in kühleren, feuchten Hochlagen. Daher sind Feuerbohnen nicht so wärmebedürftig und auch für den Anbau in rauen, windigen Lagen geeignet. Im Gegenteil, in heißen Sommern sind sie blühfaul und setzten keine Hülsen an. Sie können vor den Stangenbohnen ab etwa Mitte Mai gesät werden, die Kultur ist dieselbe. Sie benötigen stabile Stangen, um sich daran emporzuwinden. Dafür eignen sich raue Fichtenstangen oder ein großer Rosenbogen. Feuerbohnen sind sehr wüchsig und winden sich 3 – 5 m in die Höhe. Die Bohnen sind Schwachzehrer. Wenn im Frühling etwa Kompost in das Beet eingearbeitet wird, reicht dies als Düngung aus. Für die Saatgutgewinnung soll die Aussaat so früh wie möglich stattfinden. Einen zeitlichen Vorsprung haben im Topf vorgezogene Pflanzen. Auch bei Schnecken im Garten haben die jungen Bohnenpflanzen einen Wachstumsvorsprung. Zur Aussaat legt man acht bis zehn der großen Körner mit 2 – 3 cm nicht sehr tief um die Stangen. Die Pflanzen winden immer linksherum.

Für die Samenernte

Alle Sorten haben grüne Hülsen. Die rauen, fleischigen Hülsen müssen jung geerntet werden, sonst sind sie zum Essen zu zäh. Für Saatgut lässt man gleich die ersten, unteren Hülsen an den Pflanzen hängen. Da aber die Blüte nachlässt, wenn man die Hülsen an der Pflanze lässt, wählt man besser ganze Pflanzen aus, die man nicht für die Küche beerntet. Die Hülsen brauchen sehr lange, damit die großen Körner reifen. Sie werden so lange an den Pflanzen gelassen, wie das herbstliche Wetter es zulässt. Färben die Hülsen sich braun, können diese gepflückt und offen in Kisten zum Nachtrocknen ausgelegt werden. Wenn sie völlig trocken sind, werden die großen Samen mit der Hand ausgepuhlt. Dabei wird gleich auf die Gesundheit und sortentypische Farbe und Form geachtet. Feuerbohnen sind, abweichend von den Stangen- und Buschbohnen, Fremdbefruchter! Wer sortenreines Saatgut ernten will, sollte mit dem Anbau von einer Sorte beginnen und auch schauen, ob der Nachbar Feuerbohnen anbaut. Feuerbohnen sind in ihrer Heimat mehrjährig. Man kann im Herbst die fleischige Wurzel ausgraben und sie wie Dahlien frostfrei in einem Topf mit Erde überwintern.

Sorten

'PAINTED LADY':
Blüten rot mit weißem Schiffchen

'PREISGEWINNER':
Blüten rot, bis etwa 3 m hoch, Hülsen grün, mit Fäden, Korn violett, schwarz marmoriert

'ROTBLÜHENDE':
Blüten lachsrot, sehr starkwüchsig, lange flache Hülsen mit Fäden, Korn violett, schwarz marmoriert

'SUNSET':
Blüten hellrosa, Hülsen grün, früh und gut tragend, Korn lila, schwarz marmoriert

'WEISSE RIESEN':
Blüten weiß, lange flache Hülsen mit Fäden, Korn weiß, rankt sehr hoch, spät reifend

Die Samen können rot, weiß oder schwarz sein.

Steckbrief

Schwierigkeitsgrad: mittelschwer

Kulturdauer: einjährig, Wurzelknolle kann frostfrei überwintert werden, Fremdbefruchter, Bestäubung durch Insekten, vor allem Bienen und Hummeln

Pflanzenanzahl für Samenernte: 10 – 15

Keimfähigkeit der Samen: etwa 4 Jahre

Kalender

	J	F	M	A	M	J	J	A	S	O	N	D
säen / pflanzen:					X							
ernten / essen:							X	X	X			
Saatguternte:									X	X		

Fuchsschwanz

Amaranthus caudatus
Amaranthaceae, Fuchsschwanzgewächse

Die roten, hängenden Blütenähren sind eine Erinnerung an die Gärten unserer Großeltern. Der Amaranth ist heute wieder eine interessante strukturgebende Sommerblume, die kräftige Farben ins Beet bringt.

Die Farbe der „Fuchsschwänze“ kann grün, rot oder kupferfarbig sein.

Ausgesät und angepflanzt

Der Fuchsschwanz, auch bekannt als Amaranth, wird als einjährige Sommerblume kultiviert. Die Art stammt aus Südamerika und Mexiko. Sie ist wärmebedürftig. Eine direkte Aussaat kann ab Mai im Freiland erfolgen. Vorgezogene Pflanzen haben aber einen Vorsprung und blühen früher. Dazu im April die Pflanzen in Anzuchtschalen aussäen. Die Keimung erfolgt schnell, die kleinen Pflanzen in Töpfe pikieren, nach den letzten Frösten, wenn sie zwei bis drei Blätter haben, im Abstand von 30 x 30 cm auspflanzen. Größere Pflanzen vertragen das Auspflanzen schlechter. Der Fuchsschwanz kommt mit jedem Boden zurecht. Er kann Trockenheit und Wärme vertragen, in nährstoffreicher Erde wächst er aber üppiger. Da sich die Pflanzen gut entwickeln sollen, bei Trockenheit wässern. Es gibt Sorten mit grünen und roten Blättern. Die Pflanzen werden je nach Sorte 80 – 100 cm hoch. Im Beet kann man sie zu den Dahlien und zwischen Sonnenblumen gruppieren. Ab Juli beginnt die Blütezeit. Die Blütenstände sind lang herabhängende, rote Fuchs- oder Katzenschwänze. Es gibt noch andere Amaranthus-Arten wie *A. paniculatus* mit aufrecht stehenden Blütenähren. Sie können genauso kultiviert werden.

Für die Samenernte

Der Fuchsschwanz blüht den ganzen Sommer über bis September. Die Blütenstände behalten lange ihre intensive Farbe. Sie lassen sich für Sträuße und Gestecke verwenden. Die Einzelblütchen sind winzig. Es gibt in einem Blütenstand einzelne rein weibliche und rein männliche Blütchen. Die Bestäubung geschieht durch den Wind. Andersfarbige Fuchsschwanz-Sorten verkreuzen sich untereinander. Die nur stecknadelkopfgroßen Samen fallen leicht aus. Um festzustellen, ob sie schon reif sind, einige Samen aus den Blütenständen ausreiben. Weiße Samen sind noch nicht reif, sie färben sich bei der Reife braun bis schwarz. Man bekommt ein Gespür dafür, wann die farbigen Schwänzchen soweit abgereift sind, dass man sie abschneiden und nachtrocknen kann. Die Samen fallen dann leicht aus. Wer im Garten nicht häufig hackt, wird im nächsten Jahr Sämlinge von ausgefallenem Saatgut finden.

Sorten

'HÄNGENDE BLÜTENÄHRE':
rote, hängende Blütenähren, 60 – 80 cm hoch

'PONY TAILS':
Mischung, Pflanzen mit roten und grünen Blütenständen, 1,20 m hoch

'VIRIDIS':
grüne, hängende Blütenstände

Amaranthsamen sind sehr klein.

Steckbrief

Schwierigkeitsgrad: einfach

Kulturdauer: einjährig, Fremdbefruchter, Bestäubung durch den Wind

Pflanzenanzahl für Samenernte: 8 – 10

Keimfähigkeit der Samen: 6 – 10 Jahre

Kalender

	J	F	M	A	M	J	J	A	S	O	N	D
säen / pflanzen:			X	X	X							
Blüte:							X	X	X	X		
Saatguternte:								X	X	X		

Gartenkresse

Lepidium sativum
Brassicaceae, Kreuzblütler

Die Kresse bietet uns Vitamine und pfeffrige Schärfe. Neben den Keimsprossen aus der Schale kann man sie auch im Beet kultivieren.

Kresse wird wegen ihres scharfen Aromas auch Pfefferkraut genannt.

Ausgesät und angepflanzt

Die Gartenkresse kennt man als Keimlinge aus den Saatschalen, die man auf der Fensterbank anzieht. Sie werden als Keimsprossen nach wenigen Tagen abgeschnitten und für Salate und Kräuterquark verwendet. Wegen ihres scharfen Aromas heißt sie auch Pfefferkraut. Je trockener die Pflanzen aufwachsen, desto schärfer schmecken die Blätter. Eine Aussaat im Gartenbeet hat den Vorteil, dass man die Pflanzen länger nutzen kann. Wie bei der Verwendung als Keimsprossen ist die Kresse anspruchslos und wächst rasch. Sie lässt sich auch in halbschattigen Beeten aussäen. Die Samen in einer flachen Rinne ausstreuen und andrücken. Sie keimen nach zwei bis vier Tagen. Es kann jederzeit zwischen März und September ausgesät werden. Auch eine Kultur im Balkonkasten ist machbar. Die Kresse ist ein guter Lückenfüller im Beet. Im nächsten Jahr nicht die gleiche Beetfläche wählen, die Kresse ist mit sich selbst unverträglich.

Für die Samenernte

Die Gartenkresse wächst rasch, geht dafür auch schnell in Blüte und setzt Samen an. Die Pflanzen, die im Frühjahr ausgesät wurden, blühen von Juni bis Juli. Wer Samen ernten möchte, sollte einige Pflanzen nicht für den Salat abschneiden, sondern auswachsen lassen. Die weißen Blüten sind unscheinbar, die dann etwa 30 cm hohen Pflanzenstängel liegen meist wirr durcheinander. Bei der Gartenkresse gibt es sowohl Fremd- als auch Selbstbefruchtung der Blütchen. Als Frucht bildet sich ein kurzes, flaches Schötchen mit je zwei Samen. Entweder schneidet man die trocken werdenden Stängel ab und trocknet sie in einem luftigen Baumwollsäckchen nach oder man streift die trockenen Stängel mit der Hand ab, um nicht so viele Blätter und Stiele mit zu ernten. Wenn die Schötchen trocken sind, fallen die Samen leicht aus. Die hellbraunen Samen sind 2–3 mm lang und 1 mm breit. Durch Sieben kann man die groben Stängelteile aussortieren.

Kresse sieht man selten blühen.

Sorten

Es gibt Sorten verschiedener Saatgutfirmen, die sich in der Blattgröße unterscheiden:

'GARTENKRESSE EINFACHE'
'GARTENKRESSE GLATTBLÄTTRIGE'
'GARTENKRESSE GROSSBLÄTTRIG'
'GARTENKRESSE GEFÜLLTE KRAUSE'

Die Samen kennt man von den Keimlingsschalen.

Steckbrief

Schwierigkeitsgrad: einfach

Kulturdauer: einjährig, Fremd- und Selbstbefruchter

Pflanzenanzahl für Samenernte: 8–10

Keimfähigkeit der Samen: 3–5 Jahre

Kalender

	J	F	M	A	M	J	J	A	S	O	N	D
säen / pflanzen:			X	X	X	X						
ernten / essen:				X	X	X	X					
Saatguternte:							X	X	X			

Gartenmelde

Atriplex hortensis
Amaranthaceae, Fuchsschwanzgewächse

Gartenmelde als Gemüse kann man nicht auf Märkten kaufen, da ihre Blätter rasch welken. Sie ist im eigenen Garten also etwas ganz Besonderes!

Rote und Grüne Melde.

Ausgesät und angepflanzt

Die Pflanzen haben kein längeres Rosettenstadium wie der Spinat, sondern wachsen laufend in die Höhe. Für die Samenernte wird im März so früh wie möglich ausgesät, damit die Pflanzen im kühlen Frühjahr kräftig heranwachsen, bevor sie in die Blühphase kommen. Bis es im Mai zu warm wird, kann man für die Blattnutzung in der Küche immer wieder aussäen. Ein Vereinzeln der gekeimten Pflanzen ist meist nicht notwendig. Der Reihenabstand sollte 30 – 40 cm betragen. Die Melde stellt keine besonderen Bodenansprüche, wächst aber auf gut mit Nährstoff versorgten Böden üppiger. Auf trockenen Standorten bleiben die Pflanzen schmächtiger und gehen verfrüht in Blüte. Bei Trockenheit also die Pflanzen gießen. Die Pflanzen wachsen sogar auf halbschattigen Beeten. Krankheiten und Schädlinge treten so gut wie nicht auf, ein Befall mit Blattläusen kommt gelegentlich vor. Melde kann nach sechs bis acht Wochen geerntet werden, wenn die Pflanzen 20 – 25 cm hoch sind. Bei Einmalernte werden die ganzen Pflanzen abgeschnitten. Man kann die Melde aber auch durchtreiben lassen und die zarten Blätter laufend abpflücken. Je höher die Pflanzen wachsen, desto kleiner werden die Blätter.

Für die Samenernte

Bei guter Nährstoffversorgung erreichen die Pflanzen zur Blütezeit eine Höhe von 1,50 – 2 m. Die Melde „schießt“, sagt man. Es genügt, wenn man 5 – 8 kräftige Pflanzen zur Blüte kommen lässt. Damit die Stängel nicht abbrechen, die blühenden Pflanzen an Stäben anbinden. Die unscheinbaren Blütchen werden durch den Wind bestäubt. Sie bilden 2 Typen von Samen aus. Die flachrunden Früchte, bei denen der Same von einem papierartigen Deckblatt umgeben ist und kleine schwarzbraune Samen ohne diese Hülle. Die papierartige Hülle der Samen wird nicht entfernt. Die Samenstände werden im August / September geschnitten und in Papiertüten zum Trocknen aufgehängt. Die Früchte lassen sich einfach mit der Hand abstreifen und werden in luftigen Papiertüten aufbewahrt. Bei gemeinsamem Anbau von Formen mit verschiedenen Blattfarben verkreuzen sich diese. Wer die Blattfarben rein erhalten will, kann jedes Jahr im Garten nur eine Form anbauen. Melde findet man selten im Saatguthandel, meist geht der Samen von Hand zu Hand.

Die Blütenstände sollte man anbinden damit sie nicht abbrechen.

Sorten

Die Sorten werden hauptsächlich nach ihrer Blattfarbe unterschieden.

'GELBE MELDE': Blätter hellgrün bis gelbgrün
'GARTENMELDE GRÜN': Blätter dunkelgrün
'GARTENMELDE VOLLROT':
weinrote Blätter
'GARTENMELDE RUBRA': dunkelrote Blätter

Samen der Melde sind von einem papierartigen Deckblatt umgeben.

Steckbrief

Schwierigkeitsgrad: einfach

Kulturdauer: einjährig, Fremdbefruchter, Bestäubung durch den Wind

Pflanzenanzahl für Samenernte: 8 – 10

Keimfähigkeit der Samen: 2 – 3 Jahre

Kalender

	J	F	M	A	M	J	J	A	S	O	N	D
säen / pflanzen:			X	X				X	X			
ernten / essen:					X	X				X	X	
Saatguternte:								X	X			

Gurke

Cucumis sativus
Cucurbitaceae, Kürbisgewächse

Gurkenpflanzen haben eine Besonderheit bei ihren Blüten: Es gibt rein weibliche und rein männliche Blüten an einer Pflanze.

Eine weibliche Gurkenblüte im Gewächshaus. Gut zu erkennen, die fleischige Narbe.

Ausgesät und angepflanzt

Gurken sind, wie ihre asiatische Abstammung vermuten lässt, eine wärmebedürftige Kultur. Für ihr Wachstum benötigen sie einen humosen, gut gedüngten Boden und gleichmäßige Wasserversorgung. Man kann sie im Freiland und im Frühbeet kultivieren. Ab Mitte April sät man ein bis zwei Samen in 9 cm-Töpfe oder Saatschalen. Bis zur Keimung warm halten bei 20 – 25 °C. Die Keimlinge einzeln in Töpfe umsetzen. Nach den letzten Frösten Ende Mai werden die Jungpflanzen im Abstand von 0,30 x 1,50 m ausgepflanzt, ohne den Wurzelballen zu beschädigen. Gurken bilden flach unter der Bodenoberfläche ein dichtes Wurzelgeflecht. Eine Mulchschicht hält den Boden feucht. Die Sprosse wachsen auf dem Boden liegend oder man leitet sie auf ein niedriges Stützgerüst (Baustahlmatte) hoch. Die Pflanzen klettern mit ihren Ranken, mit den schweren Früchten müssen sie aber angebunden werden. Das Abschneiden der Triebspitze über dem fünften Blatt fördert die Bildung von Seitentrieben und Früchten. Windschutz bieten benachbarte Buschbohnen oder Kartoffeln.

Für die Samenernte

Gurkenpflanzen sind einhäusig. Es gibt weibliche und männliche Blüten auf einer Pflanze, in einem „Haus“. Die männlichen Blüten erkennt man an einem dünnen Blütenstiel, die weiblichen an der kleinen Gurke hinter der Blüte. Für die Saatgutgewinnung im Hausgarten bieten sich alte, einhäusige Sorten an. Moderne Sorten sind oft F1-Hybriden, rein weiblich und jungfernfrüchtig. Die Fremdbestäubung erfolgt durch Insekten. Für das Saatgut lässt man zwei bis drei Beerenfrüchte an einer Pflanze ausreifen. Reife Früchte färben sich von grün nach gelb oder gelbbraun.
Die Früchte abschneiden und zwei bis drei Wochen nachreifen lassen. Zur Samengewin-

nung Früchte längs aufschneiden, mit der Zunge prüfen, ob sie bitter schmecken. Von bitteren Früchten keine Samen nehmen. Fruchtfleisch mit dem Löffel in eine Schüssel mit Wasser auskratzen. umrühren und ein bis zwei Tage gären lassen. Wie bei Tomaten löst sich dadurch die Gallertschicht der Samen auf. Samen auf ein Sieb geben, abwaschen und auf Kaffeefilterpapier trocknen lassen. Alle Gurkensorten können sich untereinander verkreuzen, daher nur eine Sorte im Garten vermehren.

Sorten

'VORGEBIRGSTRAUBEN':
für Freilandanbau, Früchte 8 – 10 cm lang, etwas stachelig, festes Fleisch, Einlegegurke

'FATUM':
große, walzenförmige Früchte mit kleinem Kerngehäuse, reif gelbschalig, für Senfgurken

'EVA':
Einlege- und Salatgurke, Früchte schlank, mittellang, bitterstoffarm

'DE SIKKIM':
Einlegegurke, reife Früchte mit dunkelbrauner Schale mit weißer Marmorierung

'ZITRONENGURKE':
kugelrunde, gelbe Früchte, saftige Salatgurke

Nass gereinigte Gurkensamen.

Steckbrief

Schwierigkeitsgrad: schwierig

Kulturdauer: einjährig, Fremdbefruchter, Bestäubung durch Insekten, einhäusig

Pflanzenanzahl für Samenernte: 6 – 10

Keimfähigkeit der Samen: 6 – 10 Jahre

Kalender

	J	F	M	A	M	J	J	A	S	O	N	D
säen / pflanzen:				X	X							
ernten / essen:						X	X	X	X			
Saatguternte:								X	X			

Jungfer im Grünen

Nigella damascena
Ranunculaceae, Hahnenfußgewächse

Ihre vielen Namen zeugen von der Beliebtheit dieser traditionellen Bauerngartenpflanze. Der botanische Name *Nigella* bezieht sich auf ihre schwarzen Samen.

Sie wird auch Gretel im Busch genannt.

Ausgesät und angepflanzt

Die zierliche, einjährige Sommerblume wird zwischen März und April direkt ins Freiland ausgesät. Wenn im Abstand von zwei Wochen noch mal ausgesät wird, verlängert dies die Blütezeit. Die Samen können breit zwischen anderen Stauden oder Gräsern auf freien sonnigen Flächen ausgestreut und eingeharkt werden. Dies erzeugt ein natürliches Erscheinungsbild, schöner als die strengen Saatreihen. *Nigella* liebt Sonne und lockeren Boden. Sie ist anspruchslos und kommt im Sommer mit Trockenheit zurecht. Die Stängel werden 30 – 60 cm hoch, sind wenig verzweigt. Ihre Blätter sind fein geschlitzt und erinnern an Dill.

Für die Samenernte

Ab Juni beginnt meist die Blüte der Jungfer im Grünen. Die einzeln am Ende der Triebe stehenden Blüten sind blau, weiß oder rosa. Es gibt einfach und gefüllt blühende Sorten. *Nigella* wird durch Insekten bestäubt. Die Einzelblüte hält nicht lange, es blühen aber ständig Pflanzen nach. Schnell bildet sich die dicke Balgfrucht, sie ist fast dekorativer als die Blüte. Man verwendet sie gerne in der Floristik in Trockensträußen. Für diese Verwendung sollten die grünen Fruchtkapseln geschnitten und getrocknet werden. Für die Saatgutgewinnung sind die Balgfrüchte reif, wenn sie sich braun verfärben und die Samen in der Frucht rascheln. Bevor die Balgfrucht sich öffnet und die Samen bei Wind verstreut, werden sie abgeschnitten. Man steckt sie mit der Kapsel nach unten in Baumwollsäckchen oder Papiertüten. Die Samen fallen meist von selbst aus oder man schüttelt die Stiele kräftig. *Nigella* samt sich im Beet gerne selbst aus.

Sorten

'NIGELLA MISCHUNG':
verschiedene Blütenfarben von blau bis rosa

'MOODY BLUES':
gefüllte Blüten in Blautönen

'AFRICAN BRIDE':
weiße Blüten mit bordeaufarbigen Staubgefäßen

NIGELLA SATIVA:
Echter Schwarzkümmel, 50 – 80 cm hoch, Blüten blassblau, ölhaltige Samen zum Würzen

Die Samenkapseln werden für Trockensträuße verwendet.

Die Samen rieseln aus den reifen Kapseln.

Steckbrief

- Schwierigkeitsgrad: einfach
- Kulturdauer: einjährig, Fremdbefruchter
- Pflanzenanzahl für Samenernte: 10 – 15
- Keimfähigkeit der Samen: 3 – 4 Jahre

Kalender

	J	F	M	A	M	J	J	A	S	O	N	D
säen / pflanzen:			X	X								
Blüte:						X	X	X				
Saatguternte:								X	X			

Kapuzinerkresse

Tropaeolum majus
Tropaeolaceae, Kapuzinerkressengewächse

Sie hat viele Seiten: farbenfrohe Sommerblume, üppige Rankpflanze, Kapernersatz, essbare Blüten. Die Kapuzinerkresse ist trotzdem etwas aus der Mode gekommen, beleben wir sie wieder.

Ausgesät und angepflanzt

Von dieser einjährigen Sommerblume gibt es rankende und nicht rankende Sorten. Die kompakten, buschigen Sorten werden 25 – 40 cm hoch und eignen sich für den Beetrand als Einfassungspflanzen oder für die Kübelbepflanzung. Die Triebe der rankenden Sorten werden bis 3 m lang. Man kann die fleischigen Triebe an Spalieren oder Zäunen hochleiten. Das Blatt ist schildförmig und glatt. Regentropfen perlen daran ab und sammeln sich in der Blattmitte. Die großen, einzeln stehenden Blüten sind gelb, kräftig orange bis rot. Die Sorten haben noch weitere Blütenfarben von cremeweiß bis samtrot. Man kann die großen Samen ab Ende April direkt ins Beet an den Standplatz aussäen, niedrige Sorten im Abstand von 30 cm. Bei rankenden Sorten sollte der Reihenabstand 60 cm betragen. Wer Pflanzen im Topf vorziehen möchte, legt zwei bis drei Samen in einen Topf. Ausgepflanzt wird dann ab Mitte Mai. Die Pflanzen vertragen keinen Frost. Bei der Bodenvorbereitung wird Kompost eingeharkt. Kapuzinerkresse benötigt zum Wachsen genügend Feuchtigkeit. Nicht zu üppig düngen, dann wachsen die Pflanzen zwar stark, aber die Blüte lässt nach.

Farbmale in der Blüte zeigen Insekten den Weg.

Für die Samenernte

Die Kapuzinerkresse blüht dauernd von Juli bis Oktober oder länger, bis erste Nachtfröste das Wachstum beenden. Die Blütenknospen, Blüten und frischen Blätter sind essbar. Sie schmecken pfeffrig scharf wie Kresse. Die Blüten mit dem Blütensporn sehen aus wie kleine Zwergenmützen. Sie sind Fremdbefruchter und werden durch Insekten bestäubt. Der Fruchtknoten zerfällt in drei Teilfrüchte, die großen Früchte einfach um die Pflanzen herum aufsammeln und nachtrocknen.

Sorten

'BLACK VELVET':
niedrig, nicht rankend, Blüten samtig dunkelrot

'DIAMANT DES ABENDLANDES':
niedrige, 25 cm hohe, nicht rankende Mischung

'EMPRESS OF INDIA':
niedrig wachsend, buschig, Blüten blutrot, blaugrünes Laub, alte Sorte von 1882

'LADY BIRD':
gelbe Blüten mit roten Punkten, niedrig, wenig rankend

'SPERLI´S SCHARLACHGLANZ':
halbgefüllte, scharlachrote Blüten, rankend bis 3 m

Die einzelnen Samen sind recht groß.

Steckbrief

- Schwierigkeitsgrad: einfach
- Kulturdauer: einjährig, Fremdbefruchter
- Pflanzenanzahl für Samenernte: 8 – 10
- Keimfähigkeit der Samen: 4 – 5 Jahre

Kalender

	J	F	M	A	M	J	J	A	S	O	N	D
säen / pflanzen:			X	X	X							
Blüte:							X	X	X			
Saatguternte:								X	X	X		

Kartoffel

Solanum tuberosum
Solanaceae, Nachtschattengewächse

Kartoffelknollen in die Erde pflanzen kann jeder. Die Anzucht aus Samen ist ein besonderes Erlebnis und bringt überraschende Ergebnisse.

Kartoffelbeet im Juli.

Ausgesät und angepflanzt

Kartoffeln werden in der Regel nicht ausgesät, sondern die Knollen werden gepflanzt. Die Pflanzknollen werden ab März zum Vorkeimen hell in Eierkartons gestellt. Es bilden sich kurze Keime. Ab Mitte April kann ins Beet gepflanzt werden. Die Knollen mit den Keimen nach oben 20 cm tief ins Beet setzen. In der Reihe hält man 30 cm Abstand, zwischen den Reihen 45 cm. Wenn die ersten Sprosse über der Erde erscheinen, ist die Zeit der Spätfröste meist vorbei. Bei Frost erfrieren die Kartoffelblätter, eine Vliesabdeckung oder das Anhäufeln bietet den Blättern Schutz. Kartoffeln sind Starkzehrer, das Beet sollte vor dem Pflanzen mit Kompost versorgt werden. Einen sonnigen, offenen Standort wählen, damit die Blätter nach Regenschauern schnell trocknen. Die neuen Knollen bilden sich, nachdem die Stauden geblüht haben. Frühe Sorten können ab Juli geerntet werden, mittelspäte zum Lagern ab September, wenn das Laub abgestorben ist.

Für die Samenernte

Samen von Kartoffeln sind nicht im Handel. Man muss ihn selbst sammeln. Dazu sammelt man im Sommer nach der Blütezeit die grünen Kartoffelbeeren. Kartoffeln blühen unterschiedlich stark mit weißen, rosa oder blauen Blüten. Es sind Selbstbefruchter. Sie sind mischerbig, die Nachkommen spalten in ihren Eigenschaften stark auf. Nimmt man Samen von einer blau- oder rotschaligen Sorte, wird bei den Nachkommen die Aufspaltung offensichtlich, es treten garantiert andere Schalenfarben und Knollenformen auf. Die grünen Kartoffelbeeren werden gesammelt, sobald sie weich werden oder von den Pflanzen abfallen. Die Beeren aufschneiden und die Samen herauspressen. In ein Glas mit etwas Wasser geben und zwei bis drei Tage vergären lassen. So löst sich anhaftendes Fruchtfleisch vom Samen. Dann in ein Sieb abschütten und abwaschen. Die Samen auf Kaffeefilterpapier trocknen lassen und in Tütchen mit Sortennamen der Mutterpflanze abfüllen.

Kartoffeln aus Samen

In der Regel stecken wir für den Anbau Kartoffelknollen in die Erde und benötigen für diese Pflanze kein Saatgut. Die Vermehrung der Kartoffeln durch Samen setzen nur die Pflanzenzüchter ein. Es ist etwas Besonderes, dies auch auszuprobieren. Der kleine Samen der Kartoffeln wird ähnlich wie bei Tomaten ab März in Schalen mit Anzuchterde ausgesät. Als Keimtemperatur reichen 15 – 18 °C. Die kleinen Keimlinge werden mit einer Pikiergabel vereinzelt. Dafür eignen sich Multitopfplatten mit Zellen von 4 x 4 cm. Die größeren Pflanzen in 9 cm-Staudentöpfe umsetzen. Sie können nach den Eisheiligen Mitte Mai ins Beet gesetzt oder in einem 1,5 l-Topf weiter kultiviert werden. Im ersten Jahr erntet man hasel- bis walnussgroße Knollen. Über Winter lagert man sie bei 4 °C offen oder in Papiertüten im Kühlschrank, damit sie nicht austrocknen.
Im zweiten Jahr erreichen die Knollen ihre normale Größe. Wer die schönsten Knollen ausliest, hat so seine Familiensorte entwickelt. Denn jetzt werden die Nachkommen durch Pflanzen der Knollen vermehrt und bleiben in ihren Eigenschaften stabil.

Sorteninfos

Reifegruppen:
Von der Wahl der Sorte hängt ab, wann die Kartoffeln reif sind. Sehr frühe Sorten benötigen von der Pflanzung bis zur Ernte zwischen 90 – 110 Tage. Sie können ab Juli geerntet und gleich verzehrt werden. Frühe Sorten reifen danach, ab Ende Juli / Anfang August. Sie sind kurzzeitig lagerfähig, ihre Schale aber auch noch nicht fest. Mittelfrühe Sorten kann man Ende August ernten. Sie eignen sich eher zum Lagern. Mittelspäte Sorten erntet man ab Mitte September nach 140 – 160 Tagen Kultur. Ihre Schale ist fest, sie eignen sich für das Lagern über Winter.

Die blau blühende Sorte 'Heideniere'.

Kochtypen

Für die verschiedenen Kochrezepte braucht man Kartoffeln mit unterschiedlichen Kocheigenschaften. Für Kartoffelsalate, Bratkartoffeln und Gratins wählt man festkochende Sorten. Als Salatkartoffeln sollen ihre Scheiben nicht zerfallen. Der mittlere Kochtyp heißt vorwiegend festkochend. Diese Sorten verwendet man für Eintöpfe, Salzkartoffeln und Aufläufe. Mehlig kochende Kartoffeln platzen beim Kochen auf und fallen auseinander. Mit ihnen bereitet man Püree, Knödel oder Ofenkartoffeln zu.

Kraut- und Knollenfäule

Kartoffelstauden werden in regnerischen Sommern von einem Pilz befallen, dem Erreger der Kraut- und Knollenfäule *Phytophtora infestans*. Auf den Blättern bilden sich braune Flecken, die Blätter und Trieb sterben vorzeitig ab. Infizierte Knollen faulen im Lager.

Vorbeugend die Pflanzen trocken halten, weite Pflanzabstände wählen, damit die Kartoffelstauden zügig abtrocknen können. Möglichst frühreife Sorten pflanzen, das Vorkeimen vor dem Pflanzen schafft zusätzlich einen Entwicklungsvorsprung. Kartoffeln nicht neben Tomaten anbauen, die auch befallen werden.

Im August reifen die Kartoffelbeeren.

So sehen echte Kartoffelsämlinge aus.

Gelbrot gefleckte Knollen von 'Mr. Blush'.

Knollen der Sorte 'Rosa Tannenzapfen'.

Sorten

'ADRETTA':
Reife mittelfrüh, Schale gelb, Fleisch gelb, mehlig kochend

'BAMBERGER HÖRNLE':
Reife mittelspät, rosa Schale, Fleisch hellgelb, festkochend

'BLAUER SCHWEDE':
Reife mittelfrüh, blaue Schale, Fleisch blaulila, vorwiegend festkochend

'LINDA':
Reife mittelfrüh, glatte, gelbe Schale, Knollen langoval, festkochend

'MAYAN GOLD':
aus der Wildart *Solanum phureja*, Reife mittelfrüh, gelbe Schale, Fleisch gelb, vorwiegend festkochend, kürzere Kochzeit

'ROSA TANNENZAPFEN':
Reife mittelspät, rosa Schale, hellgelbes Fleisch, festkochend

'ROSARA':
Reife früh, Schale rot, Fleisch gelb, Knollen langoval, vorwiegend festkochend

'ROTER ERSTLING':
Reife früh, rote Schale, Fleisch hellgelb, vorwiegend festkochend

An den Kartoffelsamen erkennt man die Zugehörigkeit zu den Nachtschattengewächsen.

Steckbrief

- Schwierigkeitsgrad: mittelschwer
- Kulturdauer: einjährig, Selbstbefruchter und vegetative Vermehrung durch Knollen
- Pflanzenanzahl für Samenernte: 5 – 10 Kartoffelpflanzen
- Keimfähigkeit der Samen: 3 – 4 Jahre

Kalender

	J	F	M	A	M	J	J	A	S	O	N	D
säen / pflanzen:				X	X							
ernten / essen:								X	X	X	X	
Saatguternte:									X			

Kohl & Co.

Brassica oleracea ssp. *oleracea*
Brassicaceae, Kreuzblütler

Viele wichtige Gemüsepflanzen gehören zu den Kohlgewächsen. Sie werden schon lange genutzt, so ist eine Vielfalt an Formen von Blatt- bis Kopfkohl entstanden.

Gut geschlossener Kopf vom Weißkohl.

Ausgesät und angepflanzt

Die Samen der Kohlarten wie Grünkohl, Weißkohl, Rotkohl, Wirsing und Kohlrabi werden ab Ende April, später als für die Gemüsenutzung, im Freiland in ein Anzuchtbeet 1 cm tief ausgesät. Sie keimen nach sieben bis vierzehn Tagen. Treten noch kühle Nächte auf, die Pflanzen abdecken, da sonst die verfrühte Blütenbildung angeregt wird. Die Jungpflanzen können auch in Töpfen vorgezogen werden bei Temperaturen nicht unter 12 °C. Wenn die Pflanzen vier bis fünf Blätter gebildet haben und 20 cm hoch sind, werden sie etwa Ende Mai auf Abstände 50 x 50 cm verpflanzt. Nur die kräftigsten Pflanzen werden umgesetzt. Die Pflanzen angießen, damit die Wurzeln guten Bodenkontakt bekommen und nicht austrocknen. Der Boden in einem Beet für Kohlpflanzen sollte humos und nährstoffhaltig sein. Eine Mulchschicht hält den Boden um die Pflanzen feucht. Bei Kohlpflanzen unbedingt den Fruchtwechsel einhalten und auf dem Beet mit allen Kreuzblütlern eine Anbaupause von vier Jahren einhalten. Bis zum Herbst sollten die Pflanzen ausgewachsen, aber nicht überreif werden. Kopfkohl und Kohlrabi dürfen nicht platzen, lieber können die Pflanzen kleiner bleiben.

Für die Samenernte

Grünkohl ist ausreichend winterhart und kann im Freien überwintern. Weißkohl, Rotkohl, Wirsing und Kohlrabipflanzen müssen für die Saatgutgewinnung über Winter eingelagert werden. Bei allen Kohlarten dafür dreißig bis fünfzig sortentypische Pflanzen auswählen. Es gibt im Lager über Winter immer einige Pflanzen, die eingehen. Man kann die Pflanzen im Herbst zur Überwinterung eintopfen. Die alten Blätter können bis auf den Kopf entfernt werden. Eine helle, frostfreie Überwinterung ist ideal. In dunklen Kellern kommt es oft zu Fäulnis der Kohlköpfe. Faule Blätter laufend entfernen. Man kann auch den Kopf bis kurz über dem Strunk abschneiden und im Frühjahr die Strünke auspflanzen. Sie treiben aus Seitenaugen wieder aus. Ab März / April die sortentypischen, gesunden, überwinterten Pflanzen im Abstand von 50 x 50 cm in einem Block auspflanzen. Zwanzig Pflanzen sollten es schon sein, um Inzucht zu verhindern. Die Kohlpflanzen bilden neue Wurzeln und Blätter. Ab Juni erscheinen die gelben, typisch kreuzförmigen Blüten. Den hohen Blütenstand an einem Stab anbinden. Kohlpflanzen sind strenge Fremdbefruchter. Alle Sorten und Kohlpflanzen, die zu *Brassica oleracea* gehören, können sich untereinander verkreuzen, also z. B Weißkohl mit Kohlrabi, Wirsing mit Grünkohl. Daher nur eine Sorte im Garten vermehren und zur Blüte kommen lassen. Als Frucht bilden sich lange, dünne Schoten. Sie reifen nacheinander ab. Wenn sie sich gelbbraun verfärben, die Schoten mit der Gartenschere einzeln oder den gesamten Fruchtstand abschneiden. In Baumwollsäckchen nachreifen lassen, die Schoten springen von selbst auf oder die Samen können durch Ausreiben mit den Händen gelöst werden. Mit Sieben kann nachgereinigt werden. Die Samen gut etikettieren, da die kugeligen, rotbraunen Samen bei allen Kohlpflanzen sehr ähnlich aussehen. Sie behalten ihre Keimfähigkeit für vier bis fünf Jahre.

Blühende Kohlrabipflanze im zweiten Jahr nach der Überwinterung.

Überwinterungstipps

Weißkohl / Rotkohl
Köpfe für die Blütenbildung im Frühjahr vorsichtig kreuzweise einschneiden, damit der Blütenstiel durchbrechen kann.

Wirsing
Die späten Sorten halten tiefe Wintertemperaturen aus, können mit einer Abdeckung im Beet überwintern.

Grünkohl
Winterhart, die Pflanzen können im Beet überwintern, hohe Sorten schon im Herbst anbinden.

Kohlrabi
Nicht zu früh, erst Anfang Juni säen, sonst platzen die Knollen; Überwinterung getopft im kühlen Keller.

Schutz vor Kohlschädlingen

Die Liste der Schädlinge und Krankheiten, die unsere Kohlpflanzen bedrohen, ist lang. Kohlerdflöhe zerlöchern die Keimblätter, Maden der Kohlfliegen zerfressen den Strunk der Jungpflanzen, Kohlweißlingsraupen nagen Löcher in die Blätter, Rapsglanzkäfer fressen an den Blüten. Durch Überspannen mit engmaschigen Kulturschutznetzen kann man die Kohlpflanzen, die für die Samenbildung vorgesehen sind, schützen. Damit Insekten zur Blütezeit die Blüten bestäuben können, muss das Netzt geöffnet werden. Pflanzenzüchter setzen zur Bestäubung Fliegen unter die Netze. Maden dafür kann man im Angelbedarf kaufen.

Eine kräftige Rotkohlpflanze.

Erntereifer grüner Kohlrabi.

Grünkohlpflanzen sind winterhart.

Butterkohl ist eine Wirsingvariante und bildet einen lockeren Kopf.

Sorten

'LERCHENZUNGEN':
Grünkohl, schmale, grüne, gekrauste Blätter, halbhoch, winterhart

'ALTMÄRKER BRAUNKOHL':
Grünkohl, grüne bis rotbraune, gekrauste Blätter, Strunk bis 1,80 m hoch, relativ winterhart

'FILDERKRAUT':
Weißkohl, spitze, hohe Köpfe

'MARNER LAGERWEISS':
Weißkohl, runde, weiße Köpfe

'ROODKOP':
Rotkohl, feste, rote, runde Köpfe, gut lagerfähig

'MARNER LAGERROT':
Rotkohl, fest geschichtete, runde Köpfe, gut lagerfähig

'VERTUS 2':
Wirsing, mittelgroße, plattrunde Köpfe, blau bereifte, blasige Blätter

'HAMMER':
Wirsing, dunkelgrünes, feingekrauste Blätter, frosthart

'BLARO':
blauer Kohlrabi, schossfest

'LANRO':
weißer Kohlrabi, schossfest

Die Samen der verschiedenen Kohlarten sind sehr ähnlich, hier vom Kohlrabi.

Steckbrief

Schwierigkeitsgrad: schwierig

Kulturdauer: einjährig, Fremdbefruchter, Bestäubung durch Insekten

Pflanzenanzahl für Samenernte: 30–50 Pflanzen überwintern, mindestens 20 auspflanzen

Keimfähigkeit der Samen: 4–5 Jahre

Kalender

	J	F	M	A	M	J	J	A	S	O	N	D
säen / pflanzen:			X	X	X							
ernten / essen:							X	X	X	X	X	
Saatguternte:							X	X				

Kornblume & Klatschmohn

Centaurea cyanus
Asteraceae, Korbblütler

Papaver rhoeas
Papaveraceae, Mohngewächse

Das Blau der Kornblumen und das Rot des Klatschmohns gehörten im Sommer zu den Getreidefeldern.

Die Farbe ist Programm: Kornblumenblau.

Ausgesät und angepflanzt

Durch Mittel gegen Unkräuter sind die Getreidefelder leider so „sauber“, dass die typischen Begleiter nur noch selten am Ackerrand zu finden sind. Im Garten eignen sich die beiden Einjährigen, um freie Flächen oder Beetränder zu gestalten. Am besten mischt man Samen von Klatschmohn und Kornblumen mit einem einjährigen Gras, z. B. die Mähnengerste *Hordeum jubatum*. Von März an bis Mai kann für eine spätere Blüte ausgesät werden. Die breit mit der Hand ausgeworfenen Samen in den Boden einharken und mit den Harkenzinken andrücken. So entsteht ein bunt gemischtes Zufallsbild, wenn die Pflanzen aufwachsen. Das Beet sollte in der Sonne liegen, an den Boden werden keine besonderen Ansprüche gestellt. Je nach Boden und Sorte wachsen die Pflanzen 60 – 90 cm hoch. Die Blütezeit beginnt im Juni und hält je nach Wetter bis Juli / August.

Für die Samenernte

Die Samenstände der Kornblume sind unscheinbar. Man muss die verblühten Blüten genau beobachten und sie auspflücken, wenn sie trocken werden, sonst fallen die Samen

Das unvergessliche Rot der Klatschmohnblüte.

aus oder die Vögel holen sie. Die Kornblumenpflanze kann noch weiterblühen. Wenn die Samenstände trocken sind, werden die Samen mit der Hand herausgerieben. Die Kornblumensamen tragen einen kurzen, borstigen Pappus. Die einzelnen Blüten des roten Klatschmohns halten nicht lange, es öffnen sich aber ständig neue. Der Mohn bildet die typischen Mohnkapseln, die auch eine Zierde sind. Sie sollten für die Ernte der Samen abgeschnitten werden, wenn sie sich braun verfärben. Wenn sich der Deckel öffnet, verstreut der Wind die Samen wie aus einem Salzstreuer. Wer bei beiden Ackerwildkräutern die Wildform erhalten möchte, sollte nur die kultivieren. Sie kreuzen sich mit den Farbsorten aus dem Zuchtsortiment und es entstehen durch Fremdbefruchtung bunte Nachkommen. Dies kann aber auch ein Experiment sein. Beide Pflanzen samen sich selbst aus. Auf freien Stellen im Beet werden sie im folgenden Jahr wieder heranwachsen.

Sorten

KORNBLUME 'MIGHTY MAGIC':
weiße Blüten, nur 35 cm hoch, für die Kultur im Topf geeignet

KORNBLUME 'FLORENCE BLUE':
kräftig blaue, gefüllte Blüten, nur 35 cm hoch, für die Kultur im Topf geeignet

KLATSCHMOHN 'AMERICAN LEGION':
großblütig, scharlachrot mit weißem Fleck am Blütengrund, 70 cm hoch

KLATSCHMOHN 'ABENDFEUER':
knallrot, 50 – 60 cm hoch

Die Samen der Kornblume tragen einen kurzen, borstigen Pappus.

Steckbrief

Schwierigkeitsgrad: einfach

Kulturdauer: einjährig, Fremdbefruchter, Bestäubung durch Insekten

Pflanzenanzahl für Samenernte: 8 – 10

Keimfähigkeit der Samen: etwa 3 Jahre, im Boden länger

Kalender

	J	F	M	A	M	J	J	A	S	O	N	D
säen / pflanzen:			X	X	X							
Blüte:						X	X	X				
Saatguternte:							X	X				

Kosmee

Cosmos bipinnatus
Asteraceae, Korbblütler

Die Kosmeen stammen aus Mexiko und Südamerika. Bei uns werden sie als einjährige Sommerblumen kultiviert, die wegen ihrer langen Blütezeit sehr beliebt sind.

Die großen Schalenblüten der Kosmeen.

Ausgesät und angepflanzt

Zur Jungpflanzenanzucht verwendet man Saatschalen mit Aussaaterde. Nach der Keimung die kleinen Pflanzen zu zweit oder dritt in Töpfe mit Blumenerde pikieren. Draußen ins Beet kann ab Mitte Mai gepflanzt werden, nach den letzten Frösten. Zwei bis drei Pflanzen werden in Gruppen in ein sonniges Beet zusammengepflanzt. Kosmeen, auch Schmuckkörbchen genannt, können zwischen Stauden oder anderen Sommerblumen stehen. Sie lieben leicht sandige Lehmböden. Sie benötigen nicht viel Dünger, es genügt, vorher Kompost in den Boden einzuarbeiten. Die Pflanzen sind zierlich, mit feinen Blättern und dünnen, langen Stängeln. Je nach Sorte werden sie 60 – 150 cm hoch. Kosmeen sind Langzeitblüher und daher so beliebt. Die langstieligen Blüten lassen sich sogar für die Vase schneiden und passen gut in einen Sommerstrauß.

Für die Samenernte

Die Kosmeen blühen von Juli bis Oktober immer wieder nach, besonders, wenn man Verblühtes abschneidet. Dies machen wir aber erst, wenn die Blütenköpfchen braun werden. Dann geht man durch die Pflanzen und schneidet mit einer Schere die Blütenköpfchen mit den fast reifen Samen aus. In einer Schachtel können sie nachreifen. Wenn sie trocken sind, lassen sie sich leicht ausreiben und lösen sich vom Blütenboden. Die leichte Spreu kann man durch Pusten herausreinigen, wenn man die Samen in flache Schalen legt. Kosmeen sind Fremdbefruchter, die verschiedenen Sorten kreuzen sich untereinander. Man kann durch Auslese versuchen, seine Lieblingsfarbe zu erhalten. Hat man Samen von den Farbmischungen abgenommen, die im Handel sind, ist das Ergebnis eh eine Überraschung. Ein buntes Meer an schwingenden Schmuckkörbchen aus eigenem Samen ist doch die schönste Freude und verbreitet gute Laune.

Sorten

'CANDY STRIPES':
zweifarbige Blüten, hellrosa mit dunkelrosa Rand, 1 m hoch

'PURPLE SENSATION':
kräftig dunkelrosa, bis 120 cm hoch

'SEA SHELLS':
Mischung, die einzelnen Blütenblätter sind röhrenförmig zusammengewachsen, weiß, rosa und rote Blüten

'SESATION':
Mischung von Blütenfarben, weiß, rosa und rot, großblumig, 1,20 m hoch

'SONATA':
weiße Blüten, 60 cm hoch

COSMOS SULPHUREUS:
Schwefelcosmee, eine andere Art, blüht in schrillen Gelb- und Orangetönen, Blüten mit 4–6 cm Durchmesser etwas zierlicher, dafür blüht sie reicher. Sie wächst auch noch auf leichteren, sandigen Lehmböden.

Die Samen der Kosmeen.

Steckbrief

- Schwierigkeitsgrad: einfach
- Kulturdauer: einjährig, Fremdbefruchter, Bestäubung durch Insekten
- Pflanzenanzahl für Samenernte: 10–15
- Keimfähigkeit der Samen: 3–4 Jahre

Kalender

	J	F	M	A	M	J	J	A	S	O	N	D
säen / pflanzen:				X	X	X						
Blüte:							X	X	X	X		
Saatguternte:								X	X			

Kronen-Lichtnelke

Silene coronaria
Caryophyllaceae, Nelkengewächse

Mit ihren samtigen, leuchtend roten Blüten gehörte die Kronen-Lichtnelke zu den häufigen Blumen der ländlichen Gärten.

Die Sorte 'Oculata' mit rosa Auge.

Ausgesät und angepflanzt

Die Kronen-Lichtnelke oder Samtnelke wird manchmal als zweijährige Pflanze beschrieben. Sie ist eigentlich eine Staude, die einzelnen Pflanzen leben mit zwei bis drei Jahren aber nur kurz. Die Art hält sich durch Selbstaussaat im Garten. Die Samen werden im Frühjahr in Anzuchtkisten ausgesät. Die Keimung erfolgt schnell und unproblematisch. Die Pflanzen bilden kleine, graue Blattrosetten. Sie können mit vier bis sechs Blättern ins Beet gepflanzt werden. Eine Aussaat ab Juli / August ist auch möglich. Die Jungpflanzen sollten dann nicht zu spät, bis Ende September, ausgepflanzt werden, damit sie vor dem Winter noch gut anwachsen können. Die Kronen-Lichtnelke mit ihren grau behaarten Blättern mag einen Standort in voller Sonne und durchlässigen, eher nährstoffarmen Boden. Sie kann Trockenheit vertragen und passt in Beete mit mediterranen, graulaubigen Pflanzen genauso wie in ländliche Gärten und Naturgärten.

Für die Samenernte

Das erste Mal blühen die selbst ausgesäten Pflanzen im zweiten Standjahr. Die karminroten Blüten sind über der grauen Blattrosette sehr auffällig und leuchten. Mit Blütenstiel erreichen alle Sorten eine Höhe zwischen 50 – 70 cm. Die Blütezeit erstreckt sich von Juni bis August. Die Blütenstiele sind stark verzweigt, sodass sich an den Pflanzen immer wieder neue Blüten öffnen. Sie werden häufig von Schmetterlingen besucht. Schon während der Blütezeit reifen die ersten Samenkapseln. Sie sehen wie kleine, braune Becher aus, die sich bei Reife an der Spitze öffnen und die Samen verstreuen. Um sie zu sammeln, muss man nur mit einer Tüte oder einem Glas durch das Beet gehen und die Fruchtstände ausschütteln. Die trockenen Samen können in Tütchen abgefüllt werden. Wenn man den Blütenstand Ende August kurz über der Blattrosette abschneidet, kann die Pflanze zwei bis drei Jahre alt werden. Ansonsten sorgt sie durch Selbstaussaat für reichlich Nachkommen. Auf freien Stellen im Beet sieht man dann im Herbst schon die neuen, silbrigen Blattrosetten wachsen.

Sorten

'ATROSANGUINEA':
Blüte magentarot, Pflanzen 50 – 70 cm hoch

'ALBA':
Blüte reinweiß, Pflanzen 50 – 70 cm hoch

'OCULATA':
Blüten weiß mit einem rosa Auge, variabel

Die reife Kapsel sieht aus wie ein Krönchen.

Samen der Kronen-Lichtnelke.

Steckbrief

- Schwierigkeitsgrad: einfach
- Kulturdauer: kurzlebige Staude, 2 – 3 Jahre, Fremdbefruchter
- Pflanzenanzahl für Samenernte: 8 – 10
- Keimfähigkeit der Samen: 3-4 Jahre

Kalender

	J	F	M	A	M	J	J	A	S	O	N	D
säen / pflanzen:			X	X				X				
Blüte:						X	X	X				
Saatguternte:							X	X	X			

Kürbis & Zucchini

Cucurbita pepo, Cucurbita maxima, Cucurbita moschata
Cucurbitaceae, Kürbisgewächse

Auch die Zucchini ist eine Kürbisart. Im Unterschied zu den Herbstkürbissen ernten wir für die Küche ihre jungen Früchte im Sommer.

Auch ohne Ranken benötigen Zucchini viel Platz.

Ausgesät und angepflanzt

Die großen Samen steckt man ab April einzeln in 9 cm-Töpfe in Anzuchterde. Kürbisse sind wärmebedürftig, zur Keimung bei 20 – 22 °C aufstellen. Die großen Jungpflanzen mit zwei bis drei Blättern werden nach den letzten Frösten Mitte / Ende Mai ins Beet gepflanzt. Kürbisse sind Starkzehrer, Pflanzen und Früchte benötigen eine gute Nährstoffversorgung. Alle Kürbisarten sind im Nachbau mit sich selbst unverträglich. Sie sollten erst wieder nach vier Jahren auf dem gleichen Beet angebaut werden. Zucchini, die nicht ranken, werden im Abstand von 80 x 80 cm bis 100 x 100 cm gepflanzt. Rankende Kürbissorten benötigen noch mehr Platz, zwischen den Pflanzen etwa 1 – 1,5 m Platz lassen. Platzsparend kann man sie an einem niedrigen, schräg aufgebauten Gerüst in die Höhe leiten. Die Früchte in Netze packen und anbinden, damit sie nicht durch ihr Gewicht abreißen. Zucchini oder Sommerkürbisse werden für die Küche jung als kleine Früchte geerntet. Die Winterkürbisse erntet man reif, wenn die Schale hart ist. Dann sind sie einige Monate lagerfähig. Vor dem ersten Frost müssen sie allerdings vom Beet geräumt werden.

Für die Samenernte

Im Sommer bilden die Kürbisgewächse große, gelbe Blüten. Wer genau hinschaut, entdeckt zwei verschiedene Blütentypen, männliche und weibliche. Die Blüten mit langen, dünnen Stielen bilden nur Blütenstaub, sie sind rein männlich. Die weiblichen Blüten haben in der Blüte eine große Narbe. Hinter der Blüte erkennt man den Fruchtknoten, der schon wie ein kleiner Kürbis aussieht. Die getrenntgeschlechtlichen Blüten sichern die Fremdbefruchtung durch Pollen einer anderen Pflanze. Hummeln, Bienen und andere Insekten besorgen die Bestäubung. Wer Kürbissorten rein erhalten will, sollte nur eine Sorte im Garten anpflanzen. Dazu sollten beim Nachbarn ebenfalls keine anderen Kürbissorten blühen. Sonst muss man die Blüten isolieren und von Hand bestäuben. Sorten, die zu der gleichen Kürbisart gehören, können sich verkreuzen, die Sorten unterschiedlicher Arten nicht. Zur Samenreife lässt man bei großfrüchtigen Sorten nur eine Frucht pro Pflanze ausreifen, bei kleinfrüchtigen Sorten können es zwei bis drei Früchte sein. Die großen Beeren sind reif, wenn sich die Schale mit dem Fingernagel nicht mehr einritzen lässt. Früchte mit 10 cm Stiel abschneiden, auf jeden Fall vor dem Frost ernten. Zur Nachreife lagert man sie bei 15 – 18 °C und geringer Luftfeuchte für ein bis zwei Monate, bevor man die Samen entnimmt. Dazu den Kürbis aufschneiden, die Samen mit den Fleischresten über Nacht in Wasser einweichen. Dann die Samen auswaschen und ein bis zwei Wochen bei Zimmertemperatur trocknen lassen.

Frucht und weibliche Blüte der Zucchini.

Auf den Fruchtstängel achten

Wie kann man feststellen, zu welcher Kürbisart eine Sorte gehört, wenn es nicht auf der Samentüte steht? Ziemlich charakteristisch für die Arten ist die Form des Fruchtstängels.

Garten-Kürbis, *Cucurbita pepo*: Die Stängel sind auch bei Reife grün. Sie haben fünf Längsrippen und sind leicht bestachelt.

Riesen-Kürbis, *Cucurbita maxima*: Die Stängel sind bei der Reife verkorkt, dick und rund. Bei Reife löst er sich oft von der Frucht.

Moschus-Kürbis, *Cucurbita moschata*: Die Stängel sind kantig und rau. Sie sitzen mit breiterer Basis deutlich auf der Frucht.

Bittere Früchte

Die wilden Vorfahren der Speisekürbisse in Süd- und Mittelamerika hatten faseriges, bitter schmeckendes Fruchtfleisch. Wahrscheinlich wurden nur die ölhaltigen, nahrhaften Samen genutzt. Dort haben Indios bitterstoff-freie Kürbisse ausgelesen, deren Fruchtfleisch essbar ist. Viele unserer Zierkürbiss-Sorten enthalten noch Bitterstoffe. Sie können sich mit Speisekürbissen verkreuzen. Wenn ein Speisekürbis bitter schmeckt, sollte man ihn nicht essen. Die Bitterstoffe verursachen Bauchweh und Übelkeit. Man kann den bitteren Geschmack schon am rohen Kürbisfleisch feststellen.

Handbestäubung bei Kürbisblüten

Für eine Bestäubung per Hand werden eine weibliche und mehrere männliche Blüten einer zweiten Pflanze, die sich am folgenden Tag öffnen würden, an der Spitze mit Kreppband verschlossen. So haben Insekten keinen Zutritt. Die männlichen Blüten am folgenden Tag abschneiden, die Blütenblätter abtrennen und so den Blütenstaub freilegen. Die weibliche Blüte sehr vorsichtig öffnen. Die Narbe der weiblichen Blüte mit dem Blütenstaub aller Männchen betupfen. Dann die weibliche Blüte wieder zukleben. Die handbestäubte Blüte mit einem Etikett kennzeichnen. Wenn nach einigen Tagen die Frucht nicht abgeworfen wurde, war die Bestäubung erfolgreich.

Zucchini 'Alberello di Sarzana'.

Ein Hingucker, die Sorte 'Queensland Blue'.

Die Kürbissorte 'Jumbo Banana'.

Der Hokkaido-Kürbis schmeckt ganz hervorragend als Suppe.

Sorten

'ALBERELLO DI SARZANA':
Zucchini, *C. pepo*, Früchte hellgrün, Wuchs buschig

'COCOZELLE VON TRIPOLIS':
Zucchini, *C. pepo*, Früchte grün mit hellen Streifen, Wuchs buschig

UFO-KÜRBIS 'PATTISON':
C. pepo, flache runde Früchte mit weißer oder gelber Schale, jung mit 10 – 15 cm Durchmesser ernten, 0,1 – 0,5 kg

HOKKAIDO 'RED KURI':
C. maxima, Schale orangerot, kann mitgekocht werden, Fleisch hellorange, Fürchte 1 – 2 kg

'ROTER ZENTNER':
C. maxima, Schale orangerot, Fleisch orangegelb, 10 – 30 kg

'MUSKAT DE PROVENCE':
C. moschata, Schale dunkelgrün, bei Reife orangebraun, Fleisch orange, 5 – 10 kg

'BUTTERNUSS':
C. moschata, birnenförmig mit gelber Schale, Fleisch gelb, 1 – 2 kg

'UNGARISCHER BLAUER':
C. maxima, Schale blaugrau, Fleisch orangerot, 5 – 8 kg

Samen einer Zucchini.

Steckbrief

Schwierigkeitsgrad: schwierig

Kulturdauer: einjährig, Fremdbefruchter, Bestäubung durch Insekten

Pflanzenanzahl für Samenernte: 10 – 15

Keimfähigkeit der Samen: 3 – 4 Jahre

Kalender

	J	F	M	A	M	J	J	A	S	O	N	D
säen / pflanzen:				X	X							
ernten / essen:							X	X	X	X		
Saatguternte:										X	X	

Löwenmaul

Antirrhinum majus
Plantaginaceae, Wegerichgewächse

Ihren Namen verdanken sie den Blüten, die sich durch seitliches Zusammendrücken wie ein Schnäuzchen oder Löwenmaul öffnen.

Der Name wird häufig in der Verkleinerungsform Löwenmäulchen verwendet.

Ausgesät und angepflanzt

Die Wildform des Löwenmäulchens wächst mehrjährig und ist im Mittelmeergebiet beheimatet. Löwenmäulchen sind bei uns beliebte Sommerblumen für den Bauerngarten. Die hohen Sorten eignen sich als Schnittblumen. Die feinen Samen können ab März in Anzuchtschalen ausgesät werden. Die Samen nicht mit Erde abdecken, Licht fördert die Keimung. Sobald sich die Keimpflanzen fassen lassen, werden sie vereinzelt. Wenn sie abgehärtet sind, können die Pflanzen ab Ende April ins Beet gepflanzt werden. Ab April kann auch direkt ins Beet ausgesät werden. Leichte Fröste schaden den Pflanzen nicht. Mit ihren bunten Blüten in allen Farben passen sie gut ins Staudenbeet an freie Stellen. Löwenmäulchen wachsen auf durchlässigen Böden mit guter Nährstoffversorgung in voller Sonne.

Für die Samenernte

Löwenmäulchen sind unkomplizierte Dauerblüher. Die Pflanzen entwickeln mehrere Blütentriebe, die von unten nach oben aufblühen. Die großen Einzelblüten können weiß, gelb, orange, rosa, rot oder mehrfarbig sein, nur blau kommt nicht vor. Nach der Blüte entsteht eine Kapselfrucht. Wenn die Frucht braun wird, öffnen sich drei kleine Poren, aus denen die feinen Samen herausrieseln. Um Samen zu ernten, werden die braunen Kapseln abgepflückt und in Papiertüten aufbewahrt. Sie trocknen und die Poren öffnen sich. Die Samen fallen so von selbst aus. Die Samenkörner sind winzig klein. Sie werden vorsichtig von den Kapselresten gereinigt.

Sorten

Es gibt meist Farbmischungen im Samenhandel, die sich in der Pflanzenhöhe unterscheiden. Kompakte Sorten sind 30 – 50 cm hoch, hohe Sorten werden 70 – 100 cm hoch.

Die Samen sind sehr fein.

Steckbrief

- Schwierigkeitsgrad: einfach
- Kulturdauer: einjährig, Selbst- und Fremdbefruchter
- Pflanzenanzahl für Samenernte: 8 – 10
- Keimfähigkeit der Samen: 2 – 3 Jahre

Kalender

	J	F	M	A	M	J	J	A	S	O	N	D
säen / pflanzen:			X	X								
Blüte:						X	X	X	X	X		
Saatguternte:								X	X	X		

Mangold & Rote Bete

Beta vulgaris
Amaranthaceae, Fuchsschwanzgewächse

Obwohl sie recht unterschiedlich aussehen, sind Mangold und Bete so nahe verwandt, dass sie sich untereinander bestäuben. Den Blütenstaub transportiert der Wind.

Mangoldsorte mit verschiedenen Stielfarben.

Ausgesät und angepflanzt

Im ersten Jahr gilt es, kräftige Pflanzen heranzuziehen. Die Pflanzen blühen erst im zweiten Jahr, sie müssen überwintert werden. Mangold und Bete lieben einen tief gelockerten, lehmigen Boden. Pflanzen, die Samen liefern sollen, werden erst Anfang Juni ausgesät. Geraten sie in kühles Wetter, blühen sie schon im ersten Jahr. Von solchen Pflanzen kein Saatgut ernten, denn das „merken" sich die Pflanzen. Die Samenknäuel dünn in Reihen mit 40 – 50 cm Abstand aussäen. Bei zu dichtem Stand vereinzeln. Mangold verträgt auch ein Umpflanzen. Im Spätherbst die Pflanzen mit der Grabegabel ausheben, Wurzeln und Rüben nicht verletzen. Alte Blätter bis auf die Herzblätter entfernen. In sandige Erde in Kisten einsetzen und in frostfreien Räumen überwintern. Der Sand sollte nie ganz austrocknen. Manchmal gelingt die Überwinterung im Beet, aber Nässe und Mäusefraß sind ein zu großes Risiko.

Für die Samenernte

Ab Ende März / Anfang April werden die überwinterten Pflanzen ausgepflanzt. 15 – 20 starke Pflanzen sollte man setzten, auch wenn man nicht so viele Saatgut benötigt. Für die Vermeidung von Inzucht sind sie aber bei Fremdbefruchtern notwendig. Man setzt sie im Abstand von 50 x 50 cm so tief, dass der Rübenkopf mit Erde bedeckt ist. Angießen nicht vergessen. Die Pflanzen treiben frische Blätter und bilden dann Blütenstängel. Die grünen Blütchen sind unscheinbar, die Bestäubung übernimmt der Wind. Ab Ende August färben sich die Samenstängel braun. Die reifen Samen können per Hand von den Stängeln gestreift werden. Oder man schneidet die braunen Stängel ab und lässt sie in Baumwollsäckchen nachreifen. Alle Kulturpflanzen, die zur Art *Beta* gehören, kreuzen sich miteinander. Im Hausgarten daher nur eine Sorte vermehren.

Sorten

'GRÜNER SCHNITT':
Blattmangold, dünne, weiße Stiele, hellgrünes, glattes Blatt

'RAINBOW':
Stiel / Blattmangold, Mischung verschiedener Sorten mit bunten Stielen von gelb, rosa, orange bis rot

'TONDA DI CHIOGGIA':
hellrote Bete mit weißen Ringen, Wurzeln rund, Blätter hellgrün, italienische Landsorte

'FORONO':
Bete mit walzenförmiger, länglicher Wurzel, Fleisch dunkelrot, Blätter rot geadert

Blüten der Roten Bete.

Die Samen sehen aus wie kleine Papierknäuel.

Steckbrief

- Schwierigkeitsgrad: schwierig
- Kulturdauer: zweijährig, Fremdbefruchter, Windbestäubung
- Pflanzenanzahl für Samenernte: 15 – 20
- Keimfähigkeit der Samen: 4 – 6 Jahre

Kalender

	J	F	M	A	M	J	J	A	S	O	N	D
säen / pflanzen:					X	X						
ernten / essen:							X	X	X	X		
Saatguternte:								X	X			

Möhre

Daucus carota
Apiaceae, Doldenblütler

Möhren gehören zu den ältesten Nahrungspflanzen. Ihre wilden Urahnen blühen an Wegrändern und wachsen auf trockenen Schuttplätzen.

Möhren gibt es in einer bunten Vielfalt.

Ausgesät und angepflanzt

Mittelfrühe und späte Sorten ab Mai flach in Reihen aussäen. Frühe Sorten zur Überwinterung erst ab Juni aussäen. Die Samen mit dem Harkenrücken andrücken. Bis zur Keimung dauert es zwei bis drei Wochen. Das Hauptwachstum der Möhrenwurzel erfolgt im Juli und August. Für gutes Wachstum benötigen sie einen humosen Sandboden, der tief gelockert wird, sonst werden sie beinig. Im Herbst werden alle Möhren mit der Grabegabel aus dem Boden gehoben. Das Laub bis auf die Herzblätter abdrehen. 25 – 30 sortentypische, gesunde Wurzeln in Eimern oder Kisten mit sandiger Erde frost- und mäusefrei lagern. Möhren, die schon im ersten Jahr blühen, aussortieren.

Für die Samenernte

Ab Ende März, nach dem Frost, pflanzt man die überwinterten Möhren im Abstand von 30 x 30 cm wieder ein. Ab Juli bilden sie einen bis 150 cm hohen, verzweigten Blütenstand. Die Blütenstände anbinden, damit sie nicht umknicken. Die weißen Blütendolden werden durch Insekten fremdbestäubt. Zur Samenreife drehen sie sich krallenförmig ein. Wenn die Dolden hellbraun werden, mit der Schere abschneiden und zum Trocknen in offene Kisten oder Papiertüten aufbewahren. Die großen Hauptdolden geben das beste Saatgut. Das Abrebeln der Samen kann mit der Hand erfolgen. Die Kulturmöhre verkreuzt sich mit der Wildmöhre, die bei uns an Wegrändern wächst. Entweder beobachtet man, dass sie nicht gleichzeitig mit den Gartenmöhren blühen, oder man isoliert die blühenden Kulturmöhren mit insektendichten Netzen und bestäubt von Hand.

Sorten

'CHANTENAY':
mittelfrüh, konisch geformte, kurze Rübe, orangerot, späte Aussaaten, gut lagerfähig

'DUWICKER':
früh, kurze, kreiselförmige Rübe, feines Laub

'LOBBERICHER':
spät, lange, gelbe Rübe mit grünem Kopf, Speise- und Futtermöhre, gut lagerfähig

'NANTAISE 2':
mittelfrüh, walzenförmig, stumpfe Spitze, orange

Blütendolden der Möhre.

Die Häkchen an den Samen muss man mit den Händen abreiben.

Steckbrief

- Schwierigkeitsgrad: schwierig
- Kulturdauer: zweijährig, Fremdbefruchter, Bestäubung durch Insekten
- Pflanzenanzahl für Samenernte: 20 – 25
- Keimfähigkeit der Samen: 3 – 4 Jahre

Kalender

	J	F	M	A	M	J	J	A	S	O	N	D
säen / pflanzen:				X	X	X						
ernten / essen:								X	X	X	X	
Saatguternte:							X	X				

Neuseeländer Spinat

Tetragonia tetragonioides
Aizoaceae, Eiskrautgewächse

Neuseeländer Spinat wurde als Blattgemüse bei uns vom Spinat aus der Küche verdrängt. Gerade im Sommer sind seine dickfleischigen Blätter in Salaten erfrischend.

Eine Pflanze bedeckt leicht einen Quadratmeter.

Ausgesät und angepflanzt

Die dreikantigen, hartschaligen Samen keimen schwer. Sie werden vor der Aussaat über Nacht in lauwarmem Wasser eingeweicht. Ab Mitte März / Anfang April die Samen in Töpfen auslegen und an der Fensterbank bei 18 – 22 °C wie Tomaten vorkultivieren. Es kann acht bis zwanzig Tage dauern, bevor die Samen keimen, also nicht die Geduld verlieren. Die Keimlinge werden in Töpfe vereinzelt. Mitte Mai pflanzt man die Jungpflanzen an ihren endgültigen Standort im Abstand von 50 cm. Sie vertragen keinen Frost. Nach einer langsamen Jugendentwicklung bilden die Pflanzen große Büsche und verzweigen sich. Das Abschneiden der Triebspitzen fördert die Verzweigungen und Blütenbildung. Die Spitzentriebe können als Spinat oder Salat genutzt werden. Mit seinen fleischigen, dreieckigen Blättern ist der Neuseeländer Spinat ideal für trockene Böden und heiße Sommer. Er wächst wie ein Bodendecker mit halb aufrechten Sprossen. Eine einzige Pflanze kann einen ganzen Quadratmeter bedecken.

Für die Samenernte

Die gelbgrünen, zwittrigen Blüten sind unscheinbar. In jeder Blattachsel sitzt ein Blütchen und so auch ein Samenkorn. Während es an der Spitze des Sprosses noch blüht, reifen an der Basis schon die Samen. Wenn sie sich braun verfärben, können sie abgesammelt werden. Man muss die Pflanzen immer wieder absuchen, da die Samen nach und nach an den Pflanzen reif werden. Reife Samen fallen ab und können im Boden den Winter überstehen.

Wegen seiner vier Zähnchen an den Früchten erhielt der Neuseeländer Spinat den botanischen Namen *Tetragonia*. Bisher gibt es bei den Pflanzen keine nennenswerten Probleme mit Krankheiten oder Schädlingen.

Sorten

In Europa sind keine Sorten bekannt. Neuseeländer Spinat wurde züchterisch kaum weiterbearbeitet.

Die unauffälligen Blüten sitzen in den Blattachseln.

Die dreikantigen großen Samen.

Steckbrief

- Schwierigkeitsgrad: einfach
- Kulturdauer: einjährig, Selbst- und Fremdbefruchter
- Pflanzenanzahl für Samenernte: 8 – 10
- Keimfähigkeit der Samen: 4 – 5 Jahre

Kalender

	J	F	M	A	M	J	J	A	S	O	N	D
säen / pflanzen:			X	X	X							
ernten / essen:							X	X	X	X		
Saatguternte:								X	X	X		

Pastinake

Pastinaca sativa
Apiaceae, Doldenblütler

Zwei Sommer lang dauert die Kultur der Pastinake bis zum Saatgut. Dann verzieren gelbgrüne Doldenblüten den Garten.

Pastinaken bilden kräftiges Laub.

Ausgesät und angepflanzt

Der Boden für Pastinaken sollte humusreich, feucht und tief gelockert sein. Pastinakensamen keimen meist schlecht, die Keimfähigkeit bleibt nur ein bis zwei Jahre erhalten. Die Samen lassen sich bis zu drei Wochen Zeit mit der Keimung. Ausgesät wird ab Anfang April. Die Saatreihen in 40 cm Abstand ziehen, den Samen mit der Harke andrücken, damit er Anschluss an die Bodenfeuchtigkeit bekommt. Die jungen Pflanzen in der Reihe auf 15 – 20 cm vereinzeln. Das Hauptwachstum der Wurzel setzt erst im September ein. Im Spätherbst die Wurzeln für die Lagerung ausgraben. Das Herz und die Wurzeln nicht verletzen. Das Laub entfernen und 20 – 25 Wurzeln zur Überwinterung in Kisten mit sandiger Erde setzen. Die Kisten bei 0 – 10 °C in Keller oder Garage aufstellen. Die Erde sollte nicht austrocknen, da Pastinaken leicht welk werden.

Für die Samenernte

Im Frühjahr pflanzt man die besten, sortentypischen fünfzehn bis zwanzig Wurzeln im Abstand von 50 x 50 cm ins Beet. Die Wurzeln treiben frische Blätter, im Sommer bildet sich der bis 1,50 m hohe, verzweigte Blütenstiel. Er muss angebunden werden, damit er nicht umkippt. Pastinaken sind Fremdbefruchter, sie werden von Insekten bestäubt. Ohne Isolierung kann im Garten nur eine Sorte vermehrt werden. Auf der Hauptdolde bilden sich die kräftigsten Samen. Wenn sich die ersten Dolden braun färben, diese mit der Schere abschneiden und in Papiertüten sammeln. Die Samen fallen sonst ab oder die Vögel fressen sie auf. In manchen Regionen, z. B. der Pfalz, blühen an Feldwegen wilde Pastinaken. Sie sollen sich nicht mit unseren Garten-Pastinaken verkreuzen. Entweder ist der Abstand groß genug (etwa 200 m) oder man muss die blühenden Pastinaken im Garten mit insektendichtem Vlies isolieren.

Sorten

'HALBLANGE WEISSE':
Wurzeln mittellang, keilförmig

'AROMATA':
Wurzeln schlank, sehr lang, dünn zulaufend

'TENDER AND TRUE':
alte englische Sorte, halblang, Schale cremefarben

'WHITE KING':
cremeweiße Wurzeln, kreiselförmig, kürzer als andere Sorten

Pastinaken blühen mit gelbgrünen Doldenblüten.

Pastinakensamen haben von Natur aus eine geringe Keimfähigkeit.

Steckbrief

Schwierigkeitsgrad: schwierig

Kulturdauer: zweijährig, Fremdbefruchter, Bestäubung durch Insekten

Pflanzenanzahl für Samenernte: 15–20

Keimfähigkeit der Samen: 1–2 Jahre

Kalender

	J	F	M	A	M	J	J	A	S	O	N	D
säen / pflanzen:				X	X							
ernten / essen:	X	X	X							X	X	X
Saatguternte:								X	X			

Porree & Zwiebel

Allium porrum, Allium cepa
Alliaceae, Zwiebelgewächse

Porree oder Lauch und Zwiebeln werden für die Gewinnung von Samen zweijährig kultiviert. Sie blühen wie Zierlauch mit großen Blütenbällen.

Porree zum Überwintern anhäufeln.

Ausgesät und angepflanzt

Zwiebelsamen werden ab März 0,5 cm flach mit etwas Abstand direkt ins Beet gesät. Zwiebeln benötigen einen sonnigen Standort und einen sandig-lehmigen Boden, der im Sommer gut abtrocknet. Von einigen Zwiebelsorten gibt es Steckzwiebeln, sie werden ab April gesetzt. Zwiebeln nicht stark düngen, sonst lassen sie sich nicht gut lagern. Das Zwiebellaub stirbt im Sommer ab, der Zwiebelhals trocknet ein. Die trockenen Zwiebeln werden über Winter frostfrei bei niedriger Luftfeuchte gelagert.
Porree wird als Folgekultur erst im Juni in einem Anzuchtbeet ausgesät. Wie auch die Zwiebeln entwickeln sich die fadenförmigen Keimlinge erst langsam. Von den etwa 20 cm großen Porreepflanzen sucht man die kräftigsten aus und verpflanzt sie auf 30 x 30 cm. So tief pflanzen, dass der Schaft in der Erde steht. Porree benötigt einen lehmigen Boden, genügend Bodenfeuchtigkeit und mehr Nährstoffe als Zwiebeln. Die Pflanzen können im Beet überwintern, bei starkem Frost mit Reisig oder Vlies abdecken.
Im ersten Jahr blühende Zwiebel- und Porreepflanzen sind unerwünscht und werden aussortiert.

Für die Samenernte

Im Frühjahr pflanzt man die schönsten Zwiebeln mit sortentypischer Form wieder aus. Sie werden bis zur Spitze in die Erde gesetzt und dazu gleich ein Stab zum Anbinden des Blütenstieles. Ebenso verfährt man bei den Porreepflanzen. Die Blütezeit beginnt ab Juli, Porree blüht später als die Zwiebeln. Es bilden sich kugelige Blütenstände mit vielen Einzelblütchen. Sobald die Samen in der grünen, dreifächerigen Kapsel schwarz sind, die gesamten Kugel abschneiden und über Kopf in Papiertüten luftig trocknen lassen.

Die Samen fallen von selbst heraus oder man reibt sie mit der Hand aus. Um taube Samen abzutrennen, gibt man die Samen in ein hohes Gefäß mit Wasser. Einmal umrühren, schwere Samen sinken ab, die tauben Samen schwimmen oben und werden mit dem Wasser abgeschüttet. Die schweren Samen auf ein Sieb schütten und auf Filterpapier schnell trocknen. Auf die gleiche Weise kann man Samen von Zierlauch-Arten sammeln. Zwiebel und Porree verkreuzen sich nicht, nur die Sorten untereinander.

Sorten

'AILSA CRAIG':
braunschalig, große Gemüsezwiebel, gut lagerfähig

'BRAUNSCHWEIGER DUNKELBLUTROTE':
rotschalige Zwiebel, plattrund, gute Lagerfähigkeit

'STUTTGARTER RIESEN':
braunschalige Zwiebel, plattrund, gute Lagerfähigkeit

'ZITTAUER GELBE':
braunschalige Zwiebel, hochrund, gute Lagerfähigkeit

'BLAUGRÜNER WINTER':
Porree, blaugrüne Blätter, dicker Schaft, gute Winterhärte

'HERBSTRIESEN 2':
Porree, lange Schäfte, winterfest

Zwischen den Zwiebelsamen finden sich einige taube Körner.

Steckbrief

Schwierigkeitsgrad: mittelschwer

Kulturdauer: zweijährig, Fremdbefruchter, Bestäubung durch Insekten

Pflanzenanzahl für Samenernte: 20 – 25

Keimfähigkeit der Samen: 1 – 2 Jahre

Kalender

	J	F	M	A	M	J	J	A	S	O	N	D
säen / pflanzen:			X	X	X							
ernten / essen:						X	X	X	X	X	X	X
Saatguternte:							X	X	X			

Radieschen & Rettich

Raphanus sativus
Brassicaceae, Kreuzblütler

Radieschen sind die kleinen scharfen, Rettich die großen scharfen Knollen. Beide sind einfach und schnell in der Kultur und bringen Würze in die Küche.

Auslese: Die schlechten essen, die schönen Radieschen wieder einpflanzen.

Ausgesät und angepflanzt

Radieschen und Rettich sind Varietäten einer Art. Radieschen sind einjährig. Sollen sie blühen, sät man diese früh im März/April aus. Nicht tiefer als 1 cm aussäen, sonst bekommen die Knollen lange Hälse. Der Rettich wird erst ab Juli ausgesät. Er soll im ersten Jahr eine schöne Knolle ausbilden, wird für den Samenbau überwintert und kommt im zweiten Jahr zur Blüte. Im Herbst arttypische Knollen auswählen und über Winter frostfrei einlagern. Dies kann in Kisten mit feuchtem Sand erfolgen. Die Blätter dazu bis auf ein Stück Stiel einkürzen. Radieschen und Rettich wachsen auf humosen Lehmböden. Für die Kreuzblütler den Fruchtwechsel einhalten.

Für die Samenernte

Die Auswahl der schönsten Radieschen erfolgt schon im Sommer. Man hebt die ausgewachsenen Knollen aus dem Boden und sucht die schönsten aus. Diese pflanzt man mit größerem Abstand von 30 x 30 cm etwas tiefer gleich wieder ein. Die Rettiche im gleichen Abstand auspflanzen. Neben alle Pflanzen gleich einen Stab setzen, um die hohen Blütenstände anzubinden. Sie tragen weiß bis rosafarbenen Kreuzblüten und sind stark verzweigt. Blütezeit und Samenreife erstrecken sich über mehrere Wochen. Die Früchte sind gegliederte Schoten, die nicht aufspringen. Die Samenstände abschneiden, wenn sie sich braun verfärben, trocken und luftig nachreifen lassen. Im Garten besteht die Gefahr der Schimmelbildung oder von Vogelfraß. Für kleine Saatgutmengen die großen Samen per Hand auspuhlen. Samen ebenfalls nochmals nachtrocknen lassen, bevor man sie in Tüten oder Schraubgläser abfüllt. Radieschen und Rettich nicht gemeinsam blühen lassen, sie verkreuzen sich ebenso wie die Sorten untereinander.

Sorten

'FLAMBOYANT':
Radieschen, lange Knollen, rot mit weißer Spitze

'RUDI':
Radieschen, Knollen rund, rot

'HILDS BLAUER HERBST UND WINTER':
Rettich, Haut blaulila, Fleisch weiß, Knolle kegelförmig

'MÜNCHNER BIER':
Rettich, weiße Haut, weißes Fleisch, längliche Knolle

'RUNDER SCHWARZER WINTER':
Rettich, schwarze Haut, weißes Fleisch, faustgroß, scharf

An der Radieschenblüte erkennt man den Kreuzblütler.

Samen von Radieschen.

Steckbrief

Schwierigkeitsgrad: mittelschwer

Kulturdauer: Radieschen einjährig, Rettich zweijährig, Fremdbefruchter

Pflanzenanzahl für Samenernte: 20 – 25

Keimfähigkeit der Samen: 4 – 5 Jahre

Kalender

	J	F	M	A	M	J	J	A	S	O	N	D
säen / pflanzen:			X	X	X							
ernten / essen:					X	X	X	X	X	X	X	
Saatguternte:								X	X			

Ringelblume

Calendula officinalis
Asteraceae, Korbblütler

An ihren vielen Namen wie Ringelrose, Ringelchen oder Goldblume erkennt man die Beliebtheit der Ringelblume als Bauerngarten- und Heilpflanze.

Ausgesät und angepflanzt

Ringelblumen sind als einjährige Sommerblumen so beliebt, weil ihre Kultur so einfach ist und die orangefarbigen Blüten den ganzen Sommer über starke Farben ins Beet bringen. Für die schnell wachsende Ringelblume ist keine Voranzucht notwendig. Die großen Samen können ab April direkt ins Beet gesät werden. Dabei den Samen flach mit Erde bedecken. Ringelblumen stellen keine besonderen Ansprüche an den Boden, benötigen aber zum Wachsen Nährstoffe. Dafür kann Kompost in den Boden eingeharkt werden. Ringelblumen wachsen schnell. Je nach Sorte werden die Sommerblumen 40–60 cm hoch. Sie blühen den ganzen Sommer über von Juni bis Oktober, bis es friert. Ihre behaarten Stängel und Blätter haben einen typischen Geruch. Die orangegelben Zungenblüten kann man trocknen und für Tees und Salben verwenden. Ringelblumensalbe wirkt entzündungshemmend.

Am schönsten in Orange, die Ringelblume.

Für die Samenernte

Ringelblumen sind auch dankbare Schnittblumen. Ein Blütenstand blüht vier bis fünf Tage lang. Im Blütenkörbchen öffnen sich die Röhrenblüten von außen nach innen. Die Blütenfarben reichen von gelb bis orange, mit heller oder kontrastreicher dunkler Mitte. Sollen die Pflanzen lange blühen, schneidet man die verblühten Blüten aus. Wer Saatgut sammeln möchte, belässt die ersten großen Blüten an der Pflanze. Nach der Blüte reifen die Samen schnell von grün nach braun ab. Man kann die

reifen Samen an trockenen Sommertagen nach und nach per Hand abzupfen. Schaut man sich die Samen an, weiß man, woher der Name Ringelblume kommt. Die Samen sehen unterschiedlich aus, sie sind hakenförmig gekrümmt, manche sind geflügelt, manche haben kleine Häkchen. So sichert die Pflanze ihre Samenverbreitung auf verschiedene Weise, durch Wind und Wasser und durch Tiere, an deren Fell die Samen mit ihren Häkchen hängen bleiben.
Die trockenen Samen in Papiertüten oder Schraubgläsern aufbewahren. Verschiedene Sorten der Ringelblume können sich untereinander kreuzen.

Sorten

Im Saatguthandel werden meist Mischungen mit verschiedenen Blütenfarben von gelb bis orange angeboten. Die Sorten unterscheiden sich in ihrer Wuchshöhe und der Füllung der Blüten.

'WILDE SCHÖNHEIT':
gelbe Blüten, gelbe Blütenmitte, 50 cm hoch

'PRINZESS SCHWARZORANGE':
Blüten orange mit dunkler Mitte, 50 cm hoch, gute Schnittblume

'FRÜHLINGSSONNE':
Calendula arvensis, kleinblütige, gelb blühende Ackerringelblume, zierliche Pflanzen, 20 – 30 cm hoch

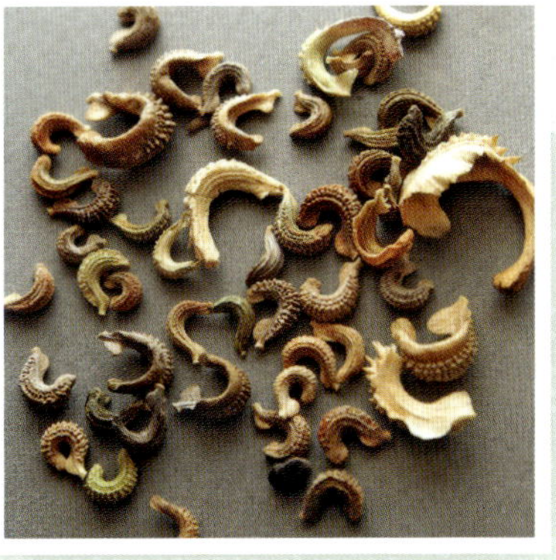

Hier ringelt es sich, die Samen haben unterschiedliche Formen.

Steckbrief

- Schwierigkeitsgrad: einfach
- Kulturdauer: einjährig, Fremdbefruchter
- Pflanzenanzahl für Samenernte: 10 – 15
- Keimfähigkeit der Samen: etwa 3 Jahre

Kalender

	J	F	M	A	M	J	J	A	S	O	N	D
säen / pflanzen:				X	X							
Blüte:						X	X	X	X	X		
Saatguternte:							X	X	X			

Rukola

Eruca sativa
Brassicaceae, Kreuzblütler

Die Kultur von Rukola ist einfach und gelingt sogar im Balkonkasten. Dafür kann man dann den Sommer über frische, würzige Blätter ernten.

Hier wachsen würzige Blätter für den Salat.

Ausgesät und angepflanzt

Rukola oder Salatrauke ist eine alte Kulturpflanze aus dem Mittelmeerraum. Sie wurde bei uns als Salatpflanze neu entdeckt und findet sich seit einigen Jahren wieder in jedem Supermarkt. Frischer ist die Blatternte aus dem eigenen Garten. Ab April kann der Samen direkt ins Beet gesät werden. Die Rauke hat keine besonderen Bodenansprüche. Feuchter, gelockerter Boden hält die Erdflöhe fern, die gerne Löcher in die Blätter fressen. Rauke wächst im Frühjahr schnell, die eingebuchteten Blätter können als Salatbeigabe nach etwa vier Wochen geerntet werden. Schneidet man die Blätter nicht zu tief ab, treiben sie noch mal nach und man kann ein zweites oder drittes Mal ernten. Die Blätter schmecken würzig, senfartig scharf mit einem zusätzlichen Erdnussaroma. Rukolablätter passen zu allen Gerichten der mediterranen Küche. Wenn sich die Stängel strecken und die Pflanzen Blüten bilden, wird der Geschmack der Blätter für den Verzehr zu bitter.

Die Blüten der einjährigen Rauke sind lila geadert.

Für die Samenernte

Um Saatgut zu ernten, sollte man einen Teil der Pflanzen nicht für die Ernte abschneiden, sondern wachsen lassen. Die einjährige Rauke bildet ab Juni schon ihre Blüten. Die Pflanzen sind dann 60 – 80 cm hoch. Die Blüten der Salatrauke sind cremegelb mit einer feinen lila Aderung. Nach der Blüte bilden sich 2,5 – 3 cm lange Schoten mit einem spitz zulaufenden Schnabel. Sie enthalten vier bis sechs braune Samen. Fünf bis zehn Pflanzen oder 50 cm Beetreihe genügen für die Saatgutgewinnung. Werden die Stängel und Schoten braun, schneidet man sie ab und steckt sie in einen luftigen Beutel, damit sie nachreifen. Man kann sie getrocknet im Beutel ausdreschen, dann per Hand die groben Stängel beseitigen. Die Samen durch Sieben oder in flachen Schalen durch Auspusten von feinen Pflanzenresten säubern.

Sorten

Von der Wilden Rauke, auch Schmalblättriger Doppelsame genannt, *Diplotaxis tenuifolia* werden ebenfalls die Blätter als Salat genutzt. Sie wird wie die Salatrauke auch als „Rauke" bezeichnet, was oft zu Verwechslungen führt. Sogar der Geschmack der Blätter ist ähnlich, die Blätter der Wilden Rauke schmecken noch intensiver. Die Wilde Rauke wächst langsamer, dafür ist sie eine Staude und kann im Beet überwintern. Ihre Blüten sind rapsgelb. Die Salatrauke *Eruca sativa* kann sich nicht mit der Wilden Rauke *Diplotaxis* kreuzen. In den Samentüten im Handel findet man beide Pflanzenarten unter dem Namen Rauke. *Eruca sativa* wird oft als „Einjährige Rauke" beschrieben. Auf den Samentüten wird als „Wilde Rauke" die mehrjährige Rauke *Diplotaxis tenuifolia* beschrieben.

Rukola-Samen.

Steckbrief

- Schwierigkeitsgrad: einfach
- Kulturdauer: einjährig, Fremdbefruchter
- Pflanzenanzahl für Samenernte: 10 – 15
- Keimfähigkeit der Samen: 3 – 4 Jahre

Kalender

	J	F	M	A	M	J	J	A	S	O	N	D
säen / pflanzen:				X	X							
ernten / essen:					X	X	X	X				
Saatguternte:							X	X				

Salat

Lactuca sativa
Asteraceae, Korbblütler

Salat wächst selbst in den kleinsten Gärten oder in Töpfen. Das beliebte Gemüse kann man den ganzen Sommer über frisch ernten und in der Küche zubereiten.

Erntereifer Kopfsalat.

Ausgesät und angepflanzt

Salatpflanzen können ab Mitte März vorgezogen werden. Sie keimen bei kühlen Temperaturen von 15 – 18 °C. Temperaturen über 20 °C hemmen die Keimung, daher setzt man im Sommer mit der Aussaat aus. Saatschalen mit Aussaaterde füllen, die Samen mit etwas Abstand ausstreuen und dünn mit grobem Sand übersieben. Salat gehört zu den Lichtkeimern. Die Sämlinge in kleine Töpfe vereinzeln, wenn sie zwei Blätter gebildet haben. Jungpflanzen auspflanzen, wenn sie vier bis sechs Blätter haben. Bei den kopfbildenden Salaten sollte die Pflanzweite 30 x 30 bis 40 x 40 cm betragen. Die Pflanzen nicht zu tief setzen, sonst kommt es leicht zur Fäulnis am Wurzelhals. Salat benötigt einen hellen, sonnigen Platz und humosen, lehmigen Boden.

Für die Samenernte

Im März gesäter Salat hat bis Mai seine erntefähigen Köpfe gebildet. Die schönsten, sortentypischen Köpfe mit einem Stab kennzeichnen für die Samenernte. Die Salatköpfe, die früh schossen, ebenfalls aufessen, da dies ein unerwünschtes Merkmal ist. Der Salat schießt ab Juli, wenn es wärmer und die Tage länger werden. Den bis 1,50 m hohen Blütenstängel an einem Stab anbinden. Die kleinen, gelben Korbblüten öffnen sich früh am Tag. Der Salat ist ein Selbstbefruchter. Mit Abstand und einer Zwischenkultur können mehrere Sorten im Garten für die Samenernte blühen. Die Samen sind kleine Nüsschen, die mit einem Pappus davonfliegen. Sie reifen nach und nach ab. Wenn die Fallschirmchen sich öffnen, werden sie geerntet. Gegen Mittag, wenn die Pflanzen abgetrocknet sind, die Schirmchen samt Samen mit den Fingern abzupfen und gleich in eine Samentüte abstreifen. So erübrigt sich die Nachreinigung. Für den Hausgarten lässt sich so genügend Samen sammeln. Die Samen bleiben zwei bis drei Jahre keimfähig.

Sorten

'MAIKÖNIG':
Kopfsalat, hellgrüne, geschlossene Köpfe, Sorte für den frühen Anbau

'MERVEILLE DES QUATRE SAISONS':
Kopfsalat, rotbrauner Buttersalat, sehr schossfest

'NAVARA':
Pflück-Salat, rotbraunes Eichenblatt, Blätter einzeln abpflücken

'VALMAINE':
Römischer Salat, knackige Blätter, aufrechte, dunkelgrüne Blattrosette

Blühender Salat.

Der Samen kann silbrig oder braun sein.

Steckbrief

- Schwierigkeitsgrad: einfach
- Kulturdauer: einjährig, Selbstbefruchter
- Pflanzenanzahl für Samenernte: 8 – 10
- Keimfähigkeit der Samen: 2 – 3 Jahre

Kalender

	J	F	M	A	M	J	J	A	S	O	N	D
säen / pflanzen:			X	X	X							
ernten / essen:						X	X	X	X			
Saatguternte:							X	X				

Schlüsselblume

Primula veris
Primulaceae, Primelgewächse

Die Schlüsselblume ist ein heimischer Frühlingsblüher, eine Heilpflanze und Staude für den naturnahen Garten.

Ausgesät und angepflanzt

Schlüsselblumen bilden bodenständige Blattrosetten auf kurzen Wurzelstöcken. Sie lassen sich besser durch Samen vermehren als durch Teilung. Die Schlüsselblume gehört zu den Kaltkeimern, die Samen benötigen zudem Licht für die Keimung. Trockene, gelagerte Samen sät man im Frühling ab März oder spät ab September aus. Eine Aussaatschale mit Aussaaterde füllen, die Samen dünn auf der Oberfläche ausstreuen, mit wenig grobem Sand oder Vermikulit bedecken und andrücken. Die Aussaatschalen bleiben im Freien stehen, geschützt in einem Anzuchtgewächshaus oder Frühbeetkasten. Sie bekommen durch das Wetter ihren Kältereiz, der die Keimruhe bricht. Eine Variante ist die Aussaat grüner Samen im Juni. Man sammelt einige Samenkapseln, wenn die Samen ausgewachsen, aber noch grün sind. So kann man die Keimruhe umgehen. Die Samenkapseln mit dem Fingernagel vorsichtig öffnen, die Samen herausdrücken und auf der Samenschale verteilen, mit Sand dünn absieben. Im Freien an einem schattigen Platz aufstellen. Die grünen Samen keimen schnell, die kleinen Primelpflanzen können noch im Herbst vereinzelt und getopft werden. Man kann sie im Topf überwintern oder noch im Herbst ins Beet setzen.

Schlüsselblumen lieben kalkreichen Boden.

Für die Samenernte

Im Frühling bilden die Schlüsselblumen neue Blätter und bald darauf im April und Mai ihre dottergelben Blüten. Die Blüten stehen auf hohen, blattlosen Stielen. Sie sind eine frühe Nektarquelle für Bienen. Primelblüten haben einen Trick, um Selbstbestäubung zu vermeiden. Wer genau in die einzelne Blüte schaut, findet solche, bei denen die Narbe aus der Blüte hervorschaut, die Pollensäcke weiter unten im Blütenkelch sitzen. Bei einigen Blüten ist es genau andersherum, oben am Kelchrand sitzen die Pollensäcke, die Narbe befindet sich unten im Kelch. Die Bestäubung übernehmen Insekten. Als Frucht bildet sich eine Kapsel. Wenn sie trocken wird, öffnet sie sich und bei Wind werden die Samen ausgestreut. Samen können gesammelt werden, indem man die braunen, noch geschlossenen Fruchtstände abschneidet und in Papiertüten kopfüber nachtrocknen lässt. Wenn sich die Kapselfrüchte öffnen, rieselt der Samen von allein in die Tüte.

Orangefarbige Saftmale zeigen Insekten den Weg.

Sorten

Keine Sorten vorhanden, Wildart.

Der feine Samen der Schlüsselblume.

Steckbrief

Schwierigkeitsgrad: mittelschwer

Kulturdauer: mehrjährig, Staude, Fremdbefruchter, Bestäubung durch Insekten

Pflanzenanzahl für Samenernte: 5–10

Keimfähigkeit der Samen: nur kurz, 1–2 Jahre

Kalender

	J	F	M	A	M	J	J	A	S	O	N	D
säen / pflanzen:		X	X				X	X				
Blüte:			X	X	X							
Saatguternte:							X	X				

Schwarzwurzel

Scorzonera hispanica
Asteraceae, Korbblütler

Die langen, schwarzbraunen Wurzeln mit weißem Fleisch und gelben, duftenden Blüten sind ein fast vergessenes Gemüse.

Schwarzwurzeln im Laub.

Ausgesät und angepflanzt

Als Pflanze wächst die Schwarzwurzel mehrjährig wie eine Staude. Für die Küche werden die Wurzeln im Herbst des ersten Kulturjahres geerntet. Die Aussaat so früh wie möglich ab März durchführen. Dazu die stäbchenförmigen Samen einzeln in Reihen mit 30–40 cm Abstand 3 cm tief aussäen. Die Pflanzen wachsen sehr langsam. Schwarzwurzeln sind Mittelstarkzehrer. Sie vertragen keinen frischen organischen Dünger, daher diesen schon im Herbst in das Beet einharken. Idealer Boden ist sandiger Lehm oder Lößlehm, der Wasser und Nährstoffe speichert.

Für die Samenernte

Pflanzen, die schon im Herbst zur Blüte kommen, können gegessen, aber nicht für Saatgut verwendet werden. Sie vertragen Frost und könnten im Winter im Boden bleiben. Die Gefahr, dass Mäuse und Wühlmäuse Schaden anrichten, ist aber zu groß. Besser die Wurzeln im Spätherbst ausgraben, sie sollten dabei nicht brechen. Aus den Wunden tritt ein klebriger Milchsaft aus, Verletzungen können faulen. Die stärksten, gerade gewachsenen Wurzeln werden für die Saatgutproduktion ausgewählt. Die Wurzeln werden in Kisten mit Sand oder in einer mäusesicheren Erdmiete eingewintert. Ab März werden zehn bis fünfzehn Wurzeln ausgepflanzt. Es wachsen frische Blätter, die gelben, nach Vanille duftenden Blüten erscheinen ab Juni. Als Samenstand bildet sich eine große „Pusteblume“. Die Schirmchen einfach mit der Hand abzupfen, die langen Samen vom Fallschirm abtrennen. Man lässt sie nachtrocknen, bis sie nicht mehr biegsam sind. Da Schwarzwurzeln mehrjährig sind, können von den ausgelesenen Wurzeln ein bis drei Jahre lang Samen geerntet werden. Nur frische, ein bis zwei Jahre alte Samen keimen gut.

Sorten

Die Sorten unterscheiden sich kaum in Länge und Dicke der Wurzeln.

'HOFFMANS SCHWARZE PFAHL':
kräftige Wurzel, gut lagerfähig

'EINJÄHRIGE RIESEN':
lange, kräftige Wurzeln

'SCHWARZER PETER':
alte Sorte mit kürzeren Wurzeln, daher etwas leichter zu ernten

'VERBESSERTE NICHTSCHIESSENDE RIESEN':
lange, gerade Wurzel

Die Blüten der Schwarzwurzeln duften nach Vanille.

Die stäbchenförmigen Samen.

Steckbrief

Schwierigkeitsgrad: schwierig

Kulturdauer: zweijährig bis mehrjährig, Staude, Fremdbefruchter, Bestäubung durch Insekten

Pflanzenanzahl für Samenernte: 10 – 15

Keimfähigkeit der Samen: 1 – 2 Jahre

Kalender

	J	F	M	A	M	J	J	A	S	O	N	D
säen / pflanzen:			X	X								
ernten / essen:	X	X							X	X	X	X
Saatguternte:								X	X			

Silberling

Lunaria annua
Brassicaceae, Kreuzblütler

Der Silberling ist für den Garten zweimal attraktiv. Mit seinen violetten Blüten im Mai und im Herbst mit seinen silbrigen Fruchtständen.

Die weiß blühende Form des Silberlings ist eher selten, daher Saatgut sammeln!

Ausgesät und angepflanzt

Der Silberling, oder auch Silbertaler, gilt als typische Bauerngartenpflanze. Er ist in seiner Kultur anspruchslos und hält sich in den Gärten durch Selbstaussaat. Die Samen können im Mai / Juni ins Freiland ausgesät werden, entweder in ein Anzuchtbeet oder in Töpfe. Das Silberblatt entwickelt eine starke Wurzel, daher sind Töpfe besser geeignet als flache Saatschalen. Die Samen keimen schnell, die jungen Pflanzen an ihren endgültigen Standort pflanzen, wenn sie etwa vier bis sechs Blätter entwickelt haben. Am schönsten wirken sie in Gruppen gepflanzt, Abstand der Einzelpflanzen 20 x 20 cm. Sie lieben humusreichen Gartenboden und einen sonnigen bis halbschattigen Standort. Bis zum Herbst sollten die Pflanzen eine starke Blattrosette entwickelt haben. Die Blüte erfolgt erst im zweiten Jahr. Danach sterben die Pflanzen ab, man muss also ständig für Nachschub sorgen oder die von selbst gekeimten Sämlinge wachsen lassen.

Für die Samenernte

Im folgenden Frühjahr ab Mai entwickelt sich der Blütenstand. Die violetten Blüten sind typisch für Kreuzblütler. Sie werden von Insekten besucht und fremdbefruchtet. Selten bekommt man weiß blühende Pflanzen. Wenn man eine weiß blühende Form im Garten hat, sollte man sie von den violett blühenden getrennt halten, da sie sich sonst verkreuzen. Nach der Blüte bilden sich die typischen, kreisrunden Fruchtstände. Sie sind erst grün, dann reifen sie ab und werden braun. Die Samen liegen bei den Schoten in einer Zwischenwand, dem eigentlich silbrigen Blättchen. Zur Samenernte schneidet man die verzweigten Samenstände ab und lässt sie trocknen. Die einzelnen Taler schiebt man zwischen den Fingern auf, zwischen der pergamentartigen Hülle liegen drei bis sechs flache Samen. Man kann sie im Gegenlicht durch die Samenhülle sehen. Die dekorativen Samenstände werden gern in der Floristik verwendet. Die Pflanzen sterben nach der Samenbildung im zweiten Jahr ab. Nur die Art *Lunaria rediviva*, das Ausdauernde Silberblatt, wächst mehrjährig als Staude. Es unterscheidet sich durch seine elliptischen Samenstände.

Lila blühende Form des Silberlings.

Sorten

Die Wildart blüht lila.

'ALBIFLORA':
Blüten weiß, Höhe 100 cm

'ALBA VARIEGATA':
Blüten weiß, Laub weiß-grün gezeichnet, Höhe 100 cm

LUNARIA REDIVIVA:
Ausdauerndes Silberblatt, mehrjährig, Blüte helllila, Fruchtschoten elliptisch, Höhe 90 cm

Die typischen, kreisrunden Fruchtstände des Silberlings. Die Samen liegen zwischen den Silberhäutchen der Früchte.

Steckbrief

Schwierigkeitsgrad: einfach

Kulturdauer: ein- bis zweijährig, Fremdbefruchter, Bestäubung durch Insekten

Pflanzenanzahl für Samenernte: 8–10

Keimfähigkeit der Samen: 2–3 Jahre

Kalender

	J	F	M	A	M	J	J	A	S	O	N	D
säen / pflanzen:					X	X	X					
Blüte:					X	X						
Saatguternte:								X	X			

Sonnenblume

Helianthus annuus
Asteraceae, Korbblütler

Die Samen der Sonnenblume kennt wohl jeder als Vogelfutter. Aus den kleinen Samen wachsen Blumen von imposanter Größe.

Das Sonnengelb ist ihr Markenzeichen.

Ausgesät und angepflanzt

Sonnenblumen sind das Symbol für Sonne und Größe. Diese einjährige Art stammt aus Nordamerika. Zur Kultur werden die Samen ab Mitte April 3–5 cm tief im Beet ausgelegt, immer drei bis fünf Körner an einer Stelle. Nach der Keimung bleiben die drei kräftigsten Jungpflanzen stehen, die schwachen werden ausgezupft. Eine Anzucht im Topf und späteres Auspflanzen ist auch möglich, wenn Vögel die Samen im Garten aus dem Boden picken. Die auszupflanzenden Sämlinge nicht zu groß werden lassen, da sie sonst mit Wachstumsstockungen auf das Umsetzen reagieren. Sonnenblumen zählen zu den Starkzehrern, kein Wunder bei der Wuchshöhe. Sie erhalten eine Düngung mit Hornspänen oder Kompost. Der Boden sollte ausreichend feucht sein und der Standort natürlich sonnig. Die Blütezeit erstreckt sich von Juli bis September.

Für die Samenernte

Sonnenblumen sind das beste Beispiel für einen Korbblütler. Die riesige Blüte ist ein Blütenstand, der bei großblumigen Sorten einen Durchmesser von über 30 cm erreichen kann. Am Rand stehen die meist goldgelben, sterilen Zungenblüten. Die Scheibe, die Mitte des Blütenstandes, wird aus kleinen, zwittrigen Röhrenblüten gebildet. Sie produzieren den Blütenstaub, danach entrollen sich die Narbenäste. Sonnenblumen sind Fremdbefruchter, gerne werden sie von Honigbienen und Hummeln besucht. Die Pflanzen liefern den Insekten reichlich Nektar und Blütenstaub. Mit der Reife der Samenkörner neigt sich der schwerer werdende Blütenkorb nach unten. An windigen Standorten sollte man die Sonnenblumen jetzt anbinden. Der gesamte Blütenkopf wird gegen Vogelfraß mit einem Netz, z. B. einem Raschelsack vom Kartoffel- oder

Zwiebelkauf, eingepackt, damit die Vögel nicht vorzeitig die Körner auspicken. Der fleischige Körbchenboden benötigt lange, um zu trocknen. Wenn es Ende September zu feucht wird, schneidet man die Köpfe ab und legt sie zum Trocknen an einen warmen Ort, etwa einen Heizungskeller. Die Samenstände immer wieder auf Schimmel kontrollieren. Sind sie einigermaßen angetrocknet, die Samen mit den Fingern aus den Köpfen herausreiben und nachtrocknen lassen. Es gibt Samenkörner mit schwarzer, schwarz-weißer und weißer Schale. Ein Fruchtstand ergibt reichlich Saatgut, ein Teil davon ergibt sicher eigenes Winterfutter für die Vögel. Die verschiedenen Sorten der Sonnenblumen können sich als Fremdbefruchter untereinander kreuzen.

Sorten

'HOHE RIESENBLUMIGE':
Blütenstand goldgelb mit schwarzer Mitte, Höhe 2,50 m

'BRONZEKÖNIGIN':
Blütenstand samtrot mit brauner Mitte, Höhe 1,80 m

'VALENTIN':
Blütenstand zitronengelb mit dunkler Mitte, Höhe 1,50 m

'AUTUMN BEAUTY':
Blütenstand zweifarbig, Zungenblüten gelb mit rotem Grund, Mitte dunkelbraun, verzweigt wachsend, Höhe 2 m

Die Samen kennt man aus dem Vogelfutter.

Steckbrief

Schwierigkeitsgrad: einfach

Kulturdauer: einjährig, Fremdbefruchter, Bestäubung durch Insekten

Pflanzenanzahl für Samenernte: 8–10

Keimfähigkeit der Samen: 3–5 Jahre

Kalender

	J	F	M	A	M	J	J	A	S	O	N	D
säen / pflanzen:			X	X	X							
Blüte:						X	X	X	X			
Saatguternte:								X	X			

Spinat

Spinacia oleracea
Amaranthaceae, Fuchsschwanzgewächse

Eine interessante Beobachtung: Beim Spinat gibt es männliche und weibliche Pflanzen.

Zarte Spinatblätter für die Küche.

Ausgesät und angepflanzt

Spinat benötigt feuchten, humosen Boden, am besten wächst er auf sandigem Lehmboden. Nährstoffe können in Form von 5 Litern Kompost pro Quadrat eingearbeitet werden. Ausgesät wird ab Ende Februar / März. Den Spinatsamen 3 cm tief mit etwas Abstand ablegen, mit Erde bedecken und andrücken. Die Reihen mit 25 – 30 cm Abstand anlegen. Schnell erscheinen die langen Keimblätter und wächst eine Rosette sattgrüner Blätter. Nach vier Wochen kann man Spinat für die Küche ernten. Spinat gedeiht noch im Schatten von Erbsen und Bohnenreihen. Er kann nicht nach sich selbst oder den mit ihm verwandten Mangold oder Rote Bete gesät werden. Ende Mai, sobald die Tage länger werden, beginnt der Spinat zu schossen. Die Blattrosette löst sich auf, er bildet Blüten. Frühjahrshitze verbunden mit Trockenheit beschleunigt das Schossen.

Für die Samenernte

Besonders ist beim Spinat, dass es männliche und weibliche Einzelpflanzen gibt. Man nennt dies „zweihäusig“. Die männlichen Pflanzen, die den Blütenstaub bilden, strecken sich zuerst in die Höhe. Ihre Blüten stehen am Ende des Sprosses. Nach der Blüte sterben die männlichen Pflanzen ab. Die weiblichen Pflanzen blühen etwas später. Ihre Blüten stehen als Knäuel zusammen in den Blattachseln. Die Bestäubung übernimmt der Wind. Da man vor der Blüte nicht erkennen kann, welche Pflanzen weiblich oder männlich blüht, sollte man ca. 1 m Reihe oder 20 – 25 Pflanzen blühen lassen. Männliche und weibliche Pflanzen sind ungefähr in gleicher Anzahl vorhanden. Moderne Sorten sind einhäusig, bei ihnen findet man männliche und weibliche Blüten getrennt an derselben Pflanze. Sobald die weiblichen Samenstände braun werden, die Stängel abschneiden und in luftigen Baumwollsäckchen nachtrocknen lassen. Trockene

Samen lassen sich durch Reiben von den Stängeln lösen. Blatt- und Stängelstücke absieben. Da sich die Sorten ohne Isolierung verkreuzen, sollte nur eine Sorte angebaut werden. Die meisten Sorten haben runde Samen, es gibt auch solche mit scharfkantigen Samen.

Wenn die Blühphase beginnt, streckt sich die Blattrosette.

Sorten

'MATADOR':
großblättrig mit kurzen Blattstielen, spät schossend, rundsamig

'MONNOPA':
mittelfrüh, spät schossend, halbaufrecht, resistent gegen Falschen Mehltau

Trockene Spinatsamen lassen sich durch Reiben von den Stängeln lösen.

Steckbrief

- Schwierigkeitsgrad: mittelschwer
- Kulturdauer: einjährig, Fremdbefruchter, Windbestäubung
- Pflanzenanzahl für Samenernte: 20 – 25
- Keimfähigkeit der Samen: 4 – 5 Jahre

Kalender

	J	F	M	A	M	J	J	A	S	O	N	D
säen / pflanzen:			X	X	X			X				
ernten / essen:					X				X	X		
Saatguternte:							X	X				

Spinnenblume

Cleome hassleriana
Cleomaceae, Spinnenpflanzengewächse

Die Spinnenblume hat ihren Namen von den bizarren Blüten, aus denen die Staubgefäße sehr weit wie Spinnenbeine herausragen.

Ausgesät und angepflanzt

Die Spinnenblumen können erst nach dem letzten Frost ausgepflanzt werden, da die Südamerikanerinnen frostempfindlich sind. Mit der Aussaat im Haus kann aber im März / April begonnen werden. Die kugeligen Samen werden in Saatschalen ausgesät und mit Erde bedeckt. Die Temperatur zur Keimung soll 20 – 25 °C betragen, die kleinen Sämlinge möglichst bald pikieren. Man kann auch gleich zwei bis drei Samenkörner in einen Topf aussäen und die Pflanzen mit Wurzelballen auspflanzen. *Cleome* reagiert empfindlich auf Störung ihres Wurzelsystems. Ab Mitte Mai können die Pflanzen ins Beet gesetzt werden. Die hohen Sorten setzt man in die Beetmitte, in Gruppen von sechs bis acht Pflanzen, die im Abstand von 30 x 30 cm gepflanzt werden. Sie benötigen einen vollsonnigen, windgeschützten Standort. An windigen Stellen sonst die hohen Stiele anbinden. Der Boden sollte nährstoffreich, aber durchlässig sein. Man kann bei der Pflanzung einen Langzeitdünger mit ausstreuen oder mit Beginn der Blüte einen Flüssigdünger ins Gießwasser geben. Bei den alten Sorten sind die Stiele noch mit kleinen Dornen besetzt, also Vorsicht beim Hantieren mit den Pflanzen.

Bizarre Blüten und Früchte.

Für die Samenernte

Spinnenblumen blühen in weiß, rosa und lila. Ihre außergewöhnliche Blütenform mit den überlangen Staubgefäßen bringt Leichtigkeit und Eleganz ins Beet. Sie blühen von Juli bis Oktober. Die Pflanze wächst weiter und bildet dabei immer neue Blüten. Selbst nach der Blüte sind die Pflanzen durch ihre Samenstände attraktiv. Die Hülsen stehen an langen Stielen vom Stängel ab. Die Samenernte ist einfach: Samen nur von den Pflanzen mit den schönsten Blüten abnehmen. Blühen mehrere Farbsorten gleichzeitig im Beet, verkreuzen sich diese. Wer nur die reinweißen 'Helen Campbell' behalten möchte, sollte nur diese Sorte im Garten kultivieren. Wenn die Samenhülsen braun werden, kann man mit dem Druck der Finger prüfen, ob sie aufspringen. Dann wird es in wenigen Tagen Zeit, die Hülsen abzuschneiden. Die trockenen, braunen Hülsen springen sonst von selbst auf und verstreuen ihre Samen im Beet. Die geernteten Hülsen etwa eine Woche nachreifen lassen. Die Samen lassen sich wie Erbsen aus den Hülsen puhlen. Samen nochmals einlagig zum Trocknen auslegen, dann in Tüten oder Gläser füllen.

Sorten

'MISCHUNG':
weiß, rosa und violette Blütenfarben, Höhe 90 cm

'HELEN CAMPBELL':
Blüten weiß, 1,20 m hoch

'VIOLETT QUEEN':
Blüten dunkellila, 1 – 1,20 m hoch

Samen der Spinnenblume.

Steckbrief

- Schwierigkeitsgrad: einfach
- Kulturdauer: einjährig, Fremdbefruchter, Bestäubung durch Insekten
- Pflanzenanzahl für Samenernte: 10 – 15
- Keimfähigkeit der Samen: 1 – 2 Jahre

Kalender

	J	F	M	A	M	J	J	A	S	O	N	D
säen / pflanzen:			X	X	X							
Blüte:							X	X	X	X		
Saatguternte:								X	X	X		

Stockrose

Alcea rosea
Malvaceae, Malvengewächse

Stockrosen sind der Inbegriff ländlicher Gärten. Mit ihren bis zwei Meter hohen Blütenstängeln grüßen sie über den Gartenzaun.

Ausgesät und angepflanzt

Stockrosen werden meist als zweijährige Pflanzen kultiviert. Die Aussaat erfolgt im Sommer, die Blüte erst im folgenden Jahr. Die Samen können im Mai / Juni zur Vorkultur in Aussaatschalen ausgesät werden. Die scheibenförmigen Samen einzeln mit Abstand auslegen, das erspart das Pikieren der Jungpflanzen. Die Dunkelkeimer mit Erde abdecken und angießen, Schalen bei etwa 18 °C aufstellen. Die Samen können zur gleichen Zeit auch direkt ins Beet gesät werden. Die Jungpflanzen setzt man im August / September im Abstand von 40 x 40 cm in Gruppen zu drei bis vier Pflanzen ins Beet. Stockrosen wurzeln tief, den Boden vorher gut lockern. Sie lieben einen sonnigen, windgeschützten Standort, am besten vor einem Zaun oder einer Mauer. Um eine kräftige Blattrosette zu entwickeln, benötigen Stockrosen einen nährstoffreichen Boden. Einmal eingewachsen, vertragen sie Trockenheit gut. Ihr Laub sollte immer schnell abtrocknen können, das beugt dem bekannten Malvenrost vor. Der Pilz bildet braune Pusteln auf den Blättern.

Eine ungefüllte Sorte Stockrosen.

Für die Samenernte

Im folgenden Frühsommer streckt sich der hohe Stängel mit den Blüten. Stockrosen blühen von Juli bis September. Die Blüten öffnen sich am Blütenstiel von unten nach oben. Stockrosen sind Fremdbefruchter, die Blüten werden von verschiedenen Insekten besucht. Die diversen Farbsorten der Stockrose können sich miteinander kreuzen. Ein Rückschnitt am Ende der Blütezeit kann die Lebensdauer einer Einzelpflanze verlängern. Für die Samenernte lässt man aber einen Teil der Blütenstängel stehen. Wenn die Blütenblätter abgefallen sind, umschließt der grüne Kelch die Samen. Die Kelche von den ersten, unteren Blüten sind am kräftigsten. Wenn der Kelch braun wird, kann er abgeschnitten und zum Trocken in Kistchen in die Sonne gelegt werden. Später ist es leicht, die Samen, die dicht an dicht im Kreis zusammensitzen, aus dem Kelch zu lösen. Wenn sie ganz trocken sind, füllt man sie in Papiertüten oder Schraubgläser.

Sorten

'HAPPY LIGHTS':
A. rosea subsp. *ficifolia*, Feigenblättrige Malve, häufig mehrjährig, Farbmischung in orange und rot, Höhe 150 cm

'MARS MAGIC':
Blüten in samtigen Rottönen, einfach blühend, Höhe 180 – 200 cm

'SIMPLEX':
Mischung von Farben einfach blühender Stockrosen, Höhe 180 – 200 cm

'NIGRA':
Blüten schwarzrot mit heller Mitte, Höhe 150 cm

Die Samen sehen aus wie kleine Rädchen.

Steckbrief

- Schwierigkeitsgrad: einfach
- Kulturdauer: zwei- bis mehrjährig, Fremdbefruchter, Bestäubung durch Insekten
- Pflanzenanzahl für Samenernte: 8 – 10
- Keimfähigkeit der Samen: 3 – 4 Jahre

Kalender

	J	F	M	A	M	J	J	A	S	O	N	D
säen / pflanzen:					X	X						
Blüte:							X	X	X			
Saatguternte:								X	X			

Süßdolde

Myrrhis odorata
Apiaceae, Doldenblütler

Ihre Namen verraten das besondere Aroma der Gewürz- und Duftpflanze: Aniskerbel, Lebkuchenkraut oder Spanischer Kerbel wird die Süßdolde auch genannt.

Die Süßdolde ist eine Staude für schattige Plätze.

Ausgesät und angepflanzt

Die Süßdolde wächst mehrjährig als Staude, sie muss nicht jedes Jahr neu ausgesät werden. Als Staude für den Gehölzrand ist sie mit ihren farnähnlichen Blättern so attraktiv, dass wir gerne Pflanzen verschenken. Süßdolden lassen sich schlecht teilen, besser ist die Vermehrung durch Aussaat. Sie gehören zu den Kaltkeimern, diese haben als ungewöhnliche Aussaatzeit den Herbst und nicht das Frühjahr. Im Herbst quillt der Samen im noch warmen Boden, dann benötigt er die Winterkälte, um keimhemmende Stoffe abzubauen, und im Frühjahr die Frühlingswärme für die Keimung. Man kann dies dem Zufall überlassen und rund um die Mutterpflanze im Frühling nach Sämlingen Ausschau halten. Kontrollierter ist eine Aussaat in Töpfe, die man im Freien ins Beet einsenkt. So sind die Samen ebenfalls den winterlichen Bedingungen ausgesetzt. Dazu werden die selbst gesammelten Samen im Oktober in Töpfe ausgesät. Für einen guten Wasserabzug eine Handvoll groben Sand oder Kies als Drainageschicht in den Topf einfüllen. Töpfe mit Aussaaterde füllen, die Samen einzeln mit genügend Abstand in den Topf geben und 2 cm hoch mit Erde abdecken. Am Rand eines Beetes eingesenkt, die Töpfe im Frühjahr kontrollieren, ob die Samen keimen. Dann die jungen Pflanzen einzeln in Töpfe umsetzen, später die größeren Pflanzen verschenken oder ins Beet auspflanzen. Man kann den Samen auch in einem Gefrierbeutel mit feuchtem Sand vom Herbst bis zum Frühjahr bei 4 °C im Kühlschrank aufbewahren und dann im März aussäen.

Für die Samenernte

Als Frühjahrsblüher treibt die Süßdolde schon im April aus. Sie liebt humosen, feuchten, kalkhaltigen Boden. Man pflanzt sie an einen schattigen oder wechselsonnigen Standort am Rand von Bäumen oder Sträuchern. Die weißen Doldenblüten erscheinen im Mai und Juni. Die Früchte der Süßdolde reifen im Juli. Sie stehen sehr auffallend senkrecht auf den Dolden, sind 1,5 – 2,5 cm lang, erst grün, dann schwarzbraun. Die grünen, milchreifen Früchte kann man zum Würzen verwenden, sie schmecken nach Lakritz und Anis. Wer einmal auf den Geschmack gekommen ist, kann Rhabarberkompott und Erdbeermarmeladen oder Brot mit den kleingeschnittenen Samen aromatisieren. Allein dafür muss man mehrere Pflanzen im Garten haben. Für die Samenernte aber abwarten, bis die Früchte glänzend schwarz sind. Sie bleiben gut an den Dolden haften, man muss sie nur einsammeln. Wer die Samen häufig verwenden möchte, sollte zwei bis drei Pflanzen im Garten kultivieren.

Sorten

Von der in Mitteleuropa heimischen Staude gibt es keine Sorten.

Grün schmecken die Samen nach Lakritz.

Steckbrief

Schwierigkeitsgrad: mittelschwer

Kulturdauer: Staude, mehrjährig, Fremdbefruchter, Bestäubung durch Insekten

Pflanzenanzahl für Samenernte: 3 – 5

Keimfähigkeit der Samen: immer frisches Saatgut benutzen

Kalender

	J	F	M	A	M	J	J	A	S	O	N	D
säen / pflanzen:	X	X								X	X	X
Blüte:					X	X						
Saatguternte:							X					

Tagetes

Tagetes patula, Tagetes erecta
Asteraceae, Korbblütler

Den Namen Studentenblumen sollen sie von den braunen Mützen haben, die die Studenten früher getragen haben. Samtblume ist auch ein passender, alter Name.

Tagetes 'Bo Jangle'.

Ausgesät und angepflanzt

Tagetes und auch Gewürztagetes sind dankbare Dauerblüher und halten sich als Schnittblumen etwa zehn Tage in der Vase. Die in Mexiko beheimateten Sommerblumen können wir bei uns erst ab Mai ins Freie pflanzen. Im April wird der Samen in flache Aussaatschalen zur Vorkultur ausgesät. Die stäbchenförmigen Samen benötigen Licht zum Keimen. Sie werden auf die Erde in Aussaatkisten ausgesät, angedrückt und nur mit wenig Erde oder Sand übersiebt. Die kleinen Pflanzen pikiert man zu dritt in kleine Töpfe, bis man sie nach draußen pflanzt. Ab Mai kann man direkt ins Beet aussäen, die Pflanzen blühen dann allerdings später. Sie benötigen ein sonniges Beet, das vorher mit Kompost gedüngt wurde. Die niedrige, kleinblütige *Tagetes patula* pflanzt man häufig als Einfassung am Beetrand. *Tagetes erecta*, die hohe Studentenblume, setzt man mit ihren vollen Blüten in Gruppen zwischen die Stauden. Tagetes kommen gut mit trockenem Wetter zurecht. Manche Sorten haben noch einen starken Blattgeruch, der aber neueren Sorten schon züchterisch abgewöhnt wurde.

Für die Samenernte

Tagetes blühen den ganzen Sommer über von Juli bis Oktober. Sie werden je nach Sorte 30 – 80 cm hoch. Die Blütenfarben spielen zwischen orange, gelb und rotbraun. Ein reger Insektenbesuch besorgt bei den Fremdbefruchtern die Bestäubung der Blüten. Da die Pflanzen dauernd weiterblühen, erstreckt sich auch die Samenernte über den ganzen Sommer. Immer wieder kann man die Pflanzen durchsehen und die trockenen Samenstände abschneiden. Je besser man diese entfernt, desto mehr Blüten werden nachgebildet. Reife Samenstände sind an dem braun verfärbten Kelch und den vertrockneten Kronblättern zu erkennen. Man schneidet sie mit einem kurzen Stück Stiel ab und steckt sie kopfüber in Tüten zum Nachtrocknen. Später kann man die Samen mit den Fingern auszupfen, dabei gleich die vertrockneten Blütenblätter entfernen. Die stäbchenförmigen Samen sind sehr leicht und sehen immer so aus, als wären sie alle taub. Hat man Samen von zweifarbigen Tagetes genommen, variiert das Farbmuster der Blüten im Folgejahr meist auf interessante Weise.

Sorten

'JOLLY JESTER':
mit gelb-brauner Sternzeichnung, 65 cm hoch

'DISCO FLAME':
Blüten rotbraun mit gelbem Rand, 25 cm hoch

'LUNA ORANGE', 'LUNA GOLD':
Gewürztagetes, *Tagetes tenuifolia*, zahlreiche kleine, einfache, gelbe oder orangefarbene Blüten, feines Laub, 30 cm hoch, Blätter mit Zitronenduft, Blüten essbar, als Salatbeigabe

'SINGLE GOLD':
orangerot, 60 cm hoch, wird speziell als Aussaat gegen Bodenälchen empfohlen

Die Samen sind stäbchenförmig mit einem weißen Haarkranz.

Steckbrief

- Schwierigkeitsgrad: einfach
- Kulturdauer: einjährig, Fremdbefruchter, Bestäubung durch Insekten
- Pflanzenanzahl für Samenernte: 10 – 15
- Keimfähigkeit der Samen: 3 – 4 Jahre

Kalender

	J	F	M	A	M	J	J	A	S	O	N	D
säen / pflanzen:			X	X	X							
Blüte:							X	X	X	X		
Saatguternte:								X	X	X		

Tomate

Solanum lycopersicum
Solanaceae, Nachtschattengewächse

Tomaten sind unser Lieblingsgemüse. Die Sortenvielfalt ist riesig und es macht Spaß, Früchte mit den unterschiedlichsten Formen und Farben zu probieren.

Tomaten im Gewächshaus.

Ausgesät und angepflanzt

Tomaten sind sehr wärmeliebend, sie werden ab März bis Anfang April im Haus vorkultiviert. Man legt die Samen mit etwas Abstand in Reihen in Saatschalen mit Anzuchterde. Bei 20 °C keimen die Samen innerhalb von acht bis zwölf Tagen. Wenn die Pflänzchen nach den Keimblättern die ersten Folgeblätter gebildet haben, werden sie einzeln in kleine Töpfe umgesetzt. Für das weitere Wachstum im Haus genügen etwa 18 °C, bei wärmeren Temperaturen bilden die Keimlinge häufig zu lange, instabile Triebe. Das zweite Umtopfen erfolgt in 9 cm-Töpfe mit gedüngter Blumenerde. Ab Mitte April können die Pflanzen in ein Gewächshaus gepflanzt werden, ins Freie können die Tomaten Ende Mai. Es darf keinen Frost mehr geben und der Boden sollte sich erwärmt haben. Eine Überdachung hält im Sommer die Pflanzen bei Regenschauern trocken. Man setzt sie tief bis an das erste Blatt in den Boden. Am Stängel bilden sich in der Erde zusätzliche Wurzeln. Der Stützstab wird gleich dazugesetzt. Der Pflanzabstand sollte 50 cm zwischen den Pflanzen und 80 cm zwischen den Reihen betragen. Tomaten benötigen einen vollsonnigen, warmen Standort und nährstoffhaltigen Boden.

Kulturtipps

Die Stängel der Pflanzen fortlaufend an die Stütze anbinden, sie tragen später ein hohes Gewicht an Früchten. Bei unbegrenzt wachsenden Stabtomaten die Seitentriebe ständig ausbrechen. Sie wachen sonst zu Lasten der Fruchtbildung zu einem wirren Gestrüpp heran. Man kann die Seitentriebe benutzen, um zusätzliche Pflanzen anzuziehen. Sie bewurzeln sich leicht, wenn sie in einen Topf mit Erde gesteckt werden. Busch- und Wildtomaten werden nicht ausgegeizt. Bei ihnen entwickeln sich an den Seitenästen auch zahlreiche Blütenstände und Früchte. Mit der Größe der Früchte wachsen auch die Ansprüche der Sorten. Kleinfrüchtige Sorten sind für den Anbau im Freiland zu empfehlen, sie begnügen sich auch mit geringen Düngergaben. Fleischtomaten sollten eher im Gewächshaus kultiviert werden, es dauert lange, bis ihre großen Früchte ausreifen. Sie benötigen zur Fruchtbildung höhere Düngergaben. Tomatenpflanzen sind selbstverträglich. Meist gibt es keine Probleme, mehrere Jahre hintereinander Tomaten auf dem gleichen Beet oder im Gewächshaus anzubauen.

Für die Samenernte

Die gelben Tomatenblüten sind in der Regel selbstbefruchtend. Im Gewächshaus fördert das Schütteln der Pflanzen die Bestäubung der Blüten. Bei manchen Blüten schaut die Narbe über den Staubbeuteln aus der Blüte hervor, häufig bei den gefüllt blühenden Fleischtomaten. Durch Insekten kann es dann auch zur Fremdbestäubung und Verkreuzung von Sorten kommen. Für die Saatgutgewinnung nutzt man die ersten, vollreifen Früchte der ersten oder zweiten Traube von mehreren Pflanzen der gleichen Sorte. Form und Farbe der Tomaten sollen typisch sein für die Sorte. Für die Nassreinigung die Früchte quer aufschneiden und die Samen mit möglichst wenig Fruchtfleisch in einem Glas sammeln. Etwas Wasser dazugeben und umrühren. So zwei bis drei Tage bei Zimmertemperatur stehen lassen. Es setzt ein Gärprozess ein, bei dem die gallertartige Hülle um die Samen abgebaut wird. Die vergorenen Samen auf ein Sieb schütten und unter laufendem Wasser säubern. Die gewaschenen Samen auf einen Kaffeefilter streichen und trocknen lassen. Vom Kaffeefilterpapier lassen sich die trockenen Samen ohne Papierfasern abreiben, in beschriftete Tütchen füllen und einlagern. Tomatensamen bleiben sechs bis zehn Jahre lang keimfähig.

Sternförmige Tomatenblüten.

Kraut- und Braunfäule vermeiden

Eine gefürchtete Krankheit an Tomaten ist die Kraut- und Braunfäule. Sie wird durch den Pilz *Phytophtora infestans* ausgelöst. Der Pilz infiziert die feuchten Blätter. Erst bilden sich grau-grüne Flecken, dann werden die Blätter braun und verfaulen Auch die Früchte werden bei anfälligen Sorten befallen. Vorbeugend wählt man weite Pflanzabstände, gießt nicht auf die Blätter, hält die Pflanzen trocken durch Aufstellung unter einem Dachüberstand oder unter einem Tomatendach. Gewächshäuser gut lüften, damit sich kein Tau bildet.

Tomatentypen

Cocktail- und Cherrytomaten
Ihre Früchte sind kirsch- bis dattelförmig oder wie kleine Birnchen geformt. Sie eignen sich als Naschtomaten oder auch für Salate. Man kann sie eintriebig ziehen oder die Seitentriebe fächerförmig wie ein Spalier anbinden.

Salattomaten
Ihre Früchte sind etwa so groß wie ein Ei oder ein Tennisball, ihre Form meist rund oder oval. Innen haben sie zwei bis drei Kammern mit Samen und Fruchtpulpe. Sie werden klassisch für den Tomatensalat verwendet. Die Kultur ist eintriebig als Stabtomaten.

Fleischtomaten
Diese Sorten bringen die größten Früchte hervor. Sie werden als Stabtomate gezogen, ihr Haupttrieb eintriebig in die Höhe geleitet und an einem Stab angebunden. Die Früchte sind innen stark gekammert, sehr fleischig mit wenig Samen.

Buschtomaten
Dies sind Sorten mit buschigem Wachstum. Sie bleiben mit 30 – 40 cm Höhe sehr niedrig, können in Kübeln oder Hängeampeln kultiviert werden. Bei ihnen werden die Seitentriebe nicht ausgebrochen, sie müssen nicht angestäbt werden. Ihre Früchte sind kirsch- bis walnussgroß.

Fleischtomate Sorte 'Ananas'.

Buschtomate im Topf.

Sorten

'ANANASTOMATE':
Fleischtomate, orangegelbe Schale, weiches, saftiges Fleisch, 300 – 500 g schwer

'BERNER ROSE':
Fleischtomate, flachrunde, rosarote Früchte

'OCHSENHERZ':
blassrote, herzförmige Früchte, 200 – 500 g schwer

'GOLDENE KÖNIGIN':
gelbe Schale, Früchte rund

'GREEN ZEBRA':
runde Salattomate, Frucht grün gestreift

'MATINA':
Salattomate, runde, mittelgroße Früchte, rote Schale, auch fürs Freiland

'FREDI':
dattelförmige, orangerote Früchte, festes, süßes Fruchtfleisch

'RED CURRANT':
Wildtomate, rote, kirschgroße Früchte, Pflanzen stark verzweigt, bis 2,50 m hoch

'RESI':
Cherrytomate, kirschgroße, rote Früchte an langen Trauben, Pflanze bis 2,50 m hoch

'IDA GOLD':
orangegelbe Früchte

'TUMBLING TOM RED':
rote, kirschgroße Früchte, für Ampel oder Balkonkasten

Saubere Samen nach dem Gärprozess.

Steckbrief

Schwierigkeitsgrad: einfach

Kulturdauer: einjährig, Selbstbefruchter, Fremdbestäubung möglich, Bestäubung durch Insekten

Pflanzenanzahl für Samenernte: 3 – 5

Keimfähigkeit der Samen: 6 – 10 Jahre

Kalender

	J	F	M	A	M	J	J	A	S	O	N	D
säen / pflanzen:			X	X	X							
ernten / essen:							X	X	X			
Saatguternte:							X	X				

Vergissmeinnicht

Myosotis sylvatica
Boraginaceae, Raublattgewächse

Tütchen mit selbst gesammelten Vergissmeinnicht-Samen sind ein schönes Geschenk und versprechen einen himmelblauen Blütenteppich.

Dieses Blau vergisst man nicht.

Ausgesät und angepflanzt

Das Vergissmeinnicht wird zu den zweijährigen Pflanzen gerechnet. Man sät die Samen im Sommer, Juni und Juli, aus, die Pflanzen überwintern als grüne Blattrosette und blühen erst im folgenden Frühjahr. Die Aussaat erfolgt in Saatschalen in Anzuchterde oder direkt ins Beet. In der Anzuchtschale die Samen nur andrücken und leicht angießen. Licht fördert die Keimung. Die Saatschalen bei 10 – 18 °C aufstellen. Im August / September werden die jungen Pflanzen mit vier bis sechs Blättern ausgepflanzt. Wer im folgenden Frühling dichte, blau blühende Teppiche haben möchte, pflanzt reichlich im Abstand von 20 x 20 cm. Vergissmeinnicht mögen einen humosen Boden, der kühl und feucht bleibt. Ihr Standort kann sonnig bis halbschattig sein, am Rand von Sträuchern oder unter Bäumen.
Die Pflanzen bilden bis zum Herbst viele längliche, weich behaarte Blätter. Frost macht den Pflanzen nichts aus. Die Blüte erfolgt erst im nächsten Jahr ab Mai. Die Pflanzen werden 20 – 30 cm hoch.

Für die Samenernte

Ab Mai öffnen sich nach und nach die himmelblauen, kleinen Vergissmeinnicht-Blüten. Sie verwandeln ganze Beete in ein blaues Meer. Die Blütezeit erstreckt sich über sechs bis acht Wochen. Die Einzelblüte ist zwar klein, die Farbwirkung der Blütenmenge aber umso schöner. Vergissmeinnicht sind Fremdbefruchter. Mit der Sommerwärme und Trockenheit endet die Blütezeit. Die Pflanzen bilden Samen und sterben ab. Meist sind die alten Pflanzen stark mit Mehltau befallen, was aber nicht relevant ist, da sie aus dem Beet genommen werden. Wer die ausgerauften Pflanzen schon über dem Beet ausschüttelt, erhält reichlich Nachkommen aus Selbstaussaat. Hier gewachsene Jungpflanzen können noch im Herbst an andere Stellen im Beet versetzt werden. Zum Sammeln der Samen einige Pflanzen kopfüber in eine Baumwolltasche stecken und ausschütteln. Es fallen reichlich kleine, grüne Kelche und kleine, schwarz glänzende Samen aus. Die Kelche können durch Absieben oder Ablesen entfernt werden. Mit dem haarigen Kelch bleiben die Samen auch am Fell von Tieren oder unseren Strümpfen haften und werden so verbreitet.

Sorten

'BLAUER BALL':
blaue Blüten, Höhe 25 cm, kompakter Wuchs

'SYLVA MIX':
mit blauen, rosa und weißen Blüten, Höhe 20 cm, kräftiger Wuchs

'ULTRAMARINE ZWERG':
blaue Blüten, Höhe 15 cm, kompakter Wuchs

Die Samen sind glänzend schwarz.

Steckbrief

- Schwierigkeitsgrad: einfach
- Kulturdauer: zweijährig, Fremdbefruchter, Bestäubung durch Insekten
- Pflanzenanzahl für Samenernte: 8 – 10
- Keimfähigkeit der Samen: bis 3 Jahre

Kalender

	J	F	M	A	M	J	J	A	S	O	N	D
säen / pflanzen:						X	X					
Blüte:					X	X						
Saatguternte:							X	X				

Weißwurzel

Tragopogon porrifolius
Asteraceae, Korbblütler

Ob man gerade oder beinige Wurzeln erhält, ist von der Qualität des Saatgutes und der Art des Gartenbodens abhängig.

Das Laub hat Ähnlichkeit mit Porreelaub.

Ausgesät und angepflanzt

Ausgesät werden Weißwurzeln ab Ende März/April in tief gelockerten Boden, Reihenabstand 35 cm. Die stäbchenförmigen Samen gleich mit Abstand von 4 – 6 cm aussäen, das erspart das Ausdünnen der Jungpflanzen. Für die Keimung ist genügend Bodenfeuchtigkeit notwendig. Auch während des Sommers sollte bei Trockenheit bewässert werden. Die schmalen, porreeähnlichen Blätter stehen steil aufrecht in einer Rosette zusammen. Wie alle Wurzelgewächse benötigen auch Weißwurzeln, die man ebenso Haferwurzeln nennt, eine lange Wachstumszeit. Pflanzen, die im ersten Sommer blühen, werden ausgezogen, da diese Eigenschaft nicht erwünscht ist. Die Wurzelernte erfolgt im Oktober, sie werden vorsichtig mit der Grabegabel aus dem Boden gehoben. An den Bruchstellen tritt sonst ein klebriger, milchiger Saft aus. Die Wurzeln werden 30 cm lang und 3 – 4 cm dick. Ihre Rinde ist cremefarben, das Fleisch weiß. Die Haferwurzeln sind winterhart, man muss aber kontrollieren, ob Mäuse, Wühlmäuse oder Kaninchen sie abfressen. Wenn man sie aus dem Boden nimmt, sollte man sie in feuchtem Sand-Erde-Gemisch einschlagen. Für die Überwinterung sollten 20 – 25 gerade, unverzweigte, starke Wurzeln ausgesucht werden.

Für die Samenernte

Im Frühling werden die 15 – 20 kräftigsten der überwinterten Wurzeln ausgepflanzt. Die Pflanzstellen mit der Grabegabel tief genug ausheben. Nach den Blättern bildet sich ab Juni ein 1 – 1,20 m hoher, verzweigter Blütenstand. Die einzelnen Blütenkörbchen sind auffällig lila mit langen Zungenblüten am Rand. Sie öffnen sich morgens und schließen sich am Nachmittag wieder. Es findet sowohl Fremd- als auch Selbstbefruchtung statt. Insekten übertragen den Blütenstaub. Die Samen reifen im Juli und August. Wenn sie reif sind, öffnet sich wie bei den Schwarzwurzeln eine dicke „Pusteblume“. An großen Schirmchen hängen die stäbchenförmigen, gebogenen Samen. Sie werden mit dem Wind verbreitet. Bevor sie davonfliegen, zupft man sie am besten gegen Mittag mit der Hand vom Blütenboden und dreht die Schirmchen ab. Die Samen nachtrocknen lassen und in beschrifteten Papiertüten oder Schraubgläsern aufheben.

Rosa Blüte, so schön wie eine Sommerblume.

Sorten

Die Haferwurzel wurde züchterisch kaum weiterentwickelt. In England gibt es noch einen nennenswerten Anbau und einige Sorten. Zumindest führen einige deutsche Saatgutfirmen Samen im Sortiment.

‘SANDWICH ISLAND’:
cremefarbene Wurzeln, etwa 30 cm lang

Die Stäbchen sehen denen der Schwarzwurzelsamen ähnlich.

Steckbrief

- Schwierigkeitsgrad: schwierig
- Kulturdauer: zweijährig, Selbst- und Fremdbefruchter, Bestäubung durch Insekten
- Pflanzenanzahl für Samenernte: 15 – 20
- Keimfähigkeit der Samen: 2 – 3 Jahre

Kalender

	J	F	M	A	M	J	J	A	S	O	N	D
säen / pflanzen:			X	X								
ernten / essen:									X	X	X	X
Saatguternte:							X	X				

Zinnie

Zinnia elegans
Asteraceae, Korbblütler

Starke Farben sind ihr Markenzeichen. Die Kultur der dauerblühenden Sommerblume ist einfach. Die Zinnien danken es mit tollen Blüten.

Ausgesät und angepflanzt

Zinnien stammen ursprünglich aus dem warmen Mexiko, sie vertragen keinen Frost. Zur Voranzucht in Schalen mit Anzuchterde wird der Samen auf die Erdoberfläche verteilt, mit Erde übersiebt und leicht angedrückt. Bei etwa 18 °C keimen die Pflanzen bald, wenn die Erde gleichmäßig feucht gehalten wird. Die kleinen Pflanzen setzt man einzeln, zu zweit oder dritt in kleine Töpfe. Sie können Anfang Mai, wenn es keine Nachtfröste mehr gibt, in die Beete gepflanzt werden. Zinnien bevorzugen einen eher lehmigen, kräftigen Boden. Die hohen Sorten passen als Dauerblüher und Farbtupfer zwischen die Stauden. Niedrige Sorten eignen sich als Gruppenpflanzung im Beetvordergrund. Pflanzen aus Vorkultur blühen früher als solche, der erst ab Mai direkt ins Beet gesät werden. Zinnien liebe warme und sonnige Standorte. Trotzdem sind ihre Blüten widerstandsfähig gegen Regenwetter.

Für Farbe im Beet sind Zinnien die erste Wahl.

Für die Samenernte

Zinnien sind Dauerblüher. Die Farbenvielfalt der Blüten erfreut uns von Juli bis Oktober. In den Samenmischungen sind meist alle Farben von weiß, gelb, rosa, orange, rot bis lila vertreten. Zinnien sind dankbare Schnittblumen, sie halten sich lange in der Vase. Die Blütenstiele sind je nach Sorte zwischen 40 – 100 cm hoch. Es werden mehr gefüllt blühende Sorten angeboten, die einfach blühenden eher selten.

Für die Samenernte lässt man einige Blüten abblühen und schneidet sie nicht ab. Es dauert lange, bis die Samen reif sind. Ist der Herbst nass und kühl, reifen die Samen schlecht aus und ihre Keimfähigkeit ist gering. Trockene Samenstände schneidet man ab und steckt sie kopfüber in eine Papiertüte zum Nachtrocknen. Im Winter, wenn Zeit ist, kann man die Samen reinigen. Die Samenstände werden aufgerieben und die großen, aber flachen und leichten Samen mit einer Pinzette zwischen den Stängel- und Blütenteilen herausgesucht.

Sorten

'DAHLIENBLÜTIGE MISCHUNG':
Blüten gefüllt, Mischung aller Farben, 60 – 80 cm hoch

'PERSERTEPPICH':
Mischung mit Gelb- / Rotbraun-Tönen, kleinblumig, halbgefüllt, 40 cm hoch

'SKABIOSENBLÜTIGE MISCHUNG':
halbkugelige Mitte, farbige Kronblätter, 50 – 70 cm hoch

'SONNENSTRAHL-MISCHUNG':
gefranste Blüten, gefüllt, Farbmischung, 90 cm hoch

Die Samen der Zinnie sind sehr leicht.

Steckbrief

Schwierigkeitsgrad: einfach

Kulturdauer: einjährig, Fremdbefruchter, Bestäubung durch Insekten

Pflanzenanzahl für Samenernte: 10 – 15

Keimfähigkeit der Samen: 2 – 3 Jahre

Kalender

	J	F	M	A	M	J	J	A	S	O	N	D
säen / pflanzen:				X	X							
Blüte:							X	X	X	X		
Saatguternte:								X	X			

Zuckermais

Zea mays convar. *saccharata*
Poaceae, Süßgräser

Die Indios Mittelamerikas haben den Kulturmais entwickelt und durch jahrhundertelange Auslese eine große Vielfalt mit über Tausend Sorten gezüchtet.

Maispflanzen werden 1,50 – 2 m hoch.

Ausgesät und angepflanzt

Bei uns wird Mais vorwiegend als Futterpflanze angebaut. Erst seit Mitte des 19. Jahrhunderts existieren Zuckermaissorten, die süßer sind und als Gemüse gegessen werden. Zuckermais kann ab Anfang/Mitte Mai an Ort und Stelle ausgesät werden, in Abständen von 40 x 60 cm. Die Aussaat oder Pflanzung „im Block" von etwa 5 x 5 Pflanzen fördert die Windbestäubung der Pflanzen untereinander. Das ist günstiger als die Kultur in einer Reihe. Auf Spätfröste achten, da sie dem Mais schaden. Schon bei niedrigen Temperaturen hören die Pflanzen auf zu wachsen. Durch eine Vorkultur im Topf auf der Fensterbank oder im Gewächshaus ab Ende März und Auspflanzen ab Mai kann ein sicheres Ausreifen der Kolben erreicht werden. Ansonsten erfordert die Kultur nicht viel Aufmerksamkeit. Der Boden sollte unkrautfrei gehalten werden, bis der Mais kniehoch ist und ihn selbst beschattet. Bei Trockenheit sollte bewässert werden. Die Pflanzen werden etwa 2 m hoch, das sollte bei der Wahl des Standortes berücksichtigt werden. Zum Verzehr können vom Zuckermais die ersten milchreifen Kolben ab August geerntet werden.

Für die Samenernte

Beim Mais als einhäusige Pflanze stehen männliche und weibliche Blüten getrennt, aber auf derselben Pflanze. Die männliche Blüte steht gut sichtbar als „Fahne" am Ende der Pflanze. Sie verteilen den Blütenstaub meist schon, bevor sich die „Haare" der weiblichen Narbenäste aus den Kolben schieben. Am Ende eines jeden bestäubten Narbenasts entwickelt sich ein Maiskorn. Damit die Kolben gut bestäubt werden, kann man die Hälfte der Blockpflanzen zwei Wochen früher auspflanzen. So fällt die weibliche Blühphase der älteren Pflanzen zusammen mit der männlichen Blüte der später gesetzten Pflanzen. Unser Zuckermais verkreuzt sich mit dem Futtermais, der auf den

Feldern steht. Der Wind transportiert den Blütenstaub über große Entfernungen. Da der Futtermaisanbau stark zugenommen hat, muss jeder vor Ort schauen, ob im Umfeld Mais angebaut wird. Der Mais sollte völlig abreifen, die ganzen Pflanzen trocken werden. Dies dauert meist bis Oktober.
Dann die Kolben abdrehen und mit den Umblättern in Kisten an einem warmen Platz nachtrocknen lassen. Eine Selektion von Einkreuzungen ist noch nach der Ernte auf dem Kolben möglich. Zuckermaiskörner werden runzelig, Futtermaiskörner bleiben rundlich.

Sorten

Neben dem Zuckermais gibt es Sorten, deren Körner sich zu Poppmais verarbeiten lassen, und solche mit bunten Körnern und dekorativen Blättern, die zu Zierzwecken angebaut werden.

'GOLDEN BANTAM':
alte Sorte von 1902, gelbes Korn, lange Kolben

'MERGOSCIA':
aus dem Tessin, kurze Kolben, gelbe Körner, für Polenta

'MANDAN RED':
kleinwüchsig, Landsorte der Mandan-Indianer, auch für kühles Klima geeignet

'RHEINTALER RIBEL':
Speisemais aus dem Schweizer Rheintal, Körner hellgelb, lange Kolben

'RAINBOW INKA':
große Kolben mit mehrfarbigen Körnern, Zuckermais

Gelbe Maiskörner von Zuckermais.

Steckbrief

Schwierigkeitsgrad: mittelschwer

Kulturdauer: einjährig, Fremdbefruchter, Bestäubung durch den Wind

Pflanzenanzahl für Samenernte: 15–20

Keimfähigkeit der Samen: 2–3 Jahre

Kalender

	J	F	M	A	M	J	J	A	S	O	N	D
säen / pflanzen:				X	X							
ernten / essen:								X	X			
Saatguternte:									X	X		

Service

Interessante Tipps rund um das Thema Saatgut.

Von der blühenden Tagetes bis zur Samenreife.

Zum Weiterlesen

Banzhaf, Anja: Saatgut. Wer die Saat hat, hat das Sagen. Oekom Verlag 2016

Bauwens, Peter: Der perfekte Küchengarten. LV- Buch im Landwirtschaftsverlag 2016

Coirazza, Adelheid: Tomaten. 200 Sortenempfehlungen aus aller Welt. Formosa 2013

Coirazza, Adelheid: Tomaten 2. 208 Historische Tomaten und Wildsorten. Formosa 2014

Heistinger, Andrea, Arche Noah, Pro Specie Rara (Hrsg.): Handbuch Samengärtnerei. Löwenzahn Verlag 2008

Klaphake, Ute, Karin Lüdemann, Dierk Jensen: Reichtum ernten. Kosmos 2009, nur noch antiquarisch

Körber-Grohne, Udelgard: Nutzpflanzen in Deutschland, Kulturgeschichte und Biologie. Theiss Verlag 1994, nur noch antiquarisch

Lorey, Heidi: Liebesapfel, Mangold & Rapunzel. Gemüse für Garten und Küche wiederentdeckt. Landwirtschaftsverlag 2005, nur noch antiquarisch

Lorey, Heidi: Tartuffli. Alte Kartoffelsorten neu entdeckt. Landwirtschaftsverlag 2006

Ortner, Marlies: Saatgut aus dem Hausgarten. Ökobuch 2012

Rasche, Jan, Jan und Timo Riering: Chili & Paprika. Formosa 2014

Reinhard, Ursula, Ute Klaphake: Gemüseschätze: selbst anbauen & genießen. Kosmos 2015

Serena, Marianna, Michael Suanjak, Franca Pedrazzetti, Beat Brechbühl: Das Lexikon der alten Gemüsesorten. AT Verlag 2014

Toogood, Alan (Hrsg.): Handbuch der Pflanzenvermehrung. Ulmer 2000

Vogel, Georg (Hrsg.): Handbuch des speziellen Gemüsebaues. Ulmer 1996

Adressen / Bezugsquellen

Arche Noah
Gesellschaft zur Erhaltung und Verbreitung der Kulturpflanzenvielfalt, Österreich, www.arche-noah.at

Bingenheimer Saatgut AG
Kronstr. 24–26, D-61209 Echzell-Bingenheim, Tel.: 0 60 35 / 1899-0, www.bingenheimersaatgut.de, Katalog, Gemüsesamen

Bioland Hof Jeebel
Jeebel 17, D-29410 Salzwedel, Tel.: 0 39 037 / 781, www.biogartenersand.de, Gemüse- und Kräutersaatgut, Jungpflanzen, Pflanzkartoffelsortiment

Biosaatgut Gaby Krautkrämer
Weingartenstr. 58, D-97252 Frickenhausen am Main, Tel.: 0 93 31 / 98 94 200, www.bio-saatgut.de, Gemüsesaatgut aus biologischem Anbau

Deaflora Aromagärtnerei
Andrea Hellmich, Dr.-Wolff-Str. 6, D-14542 Werder / Havel OT Glindow, Tel.: 0 33 27 / 57 15 19, www.deaflora.de, Saatgut und Pflanzen

Dreschflegel
In der Aue 31, D-37213 Witzenhausen, Tel.: 0 55 42 / 50 27 44, www.dreschflegel-saatgut.de, Gemüse-, Kräuter- und Blumensamen, Katalog, Schaugarten

Gärtnerei Dieter Haas
Obere Leberklinge 60, D-97877 Wertheim, Tel.: 0 93 42 / 85 65 80, www.gaertnerei-haas.com, Sorten von Paprika, Chili und Tomaten

Genbänkle
Netzwerk für Sortenretter und -erhalter der Nutzpflanzenvielfalt mit Schwerpunkt Ba-Wü, www.genbaenkle.de

Jansensamen
Van Leeuwenhoekweg 6,
NL-7102 EJ Winterswijk,
Tel.: +31 315/65 12 35, www.jansensamen.de,
Gemüsesaatgut, Kürbisvielfalt

Keimzeit Saatgut-Fachversand
Tanja Beddies, Hainholzweg 3, D-21358 Mechtersen, Tel.: 04178/8189950, www.keimzeit-saatgut.de, Saatgut von Sommerblumen und Kletterpflanzen

ProSpecie Rara Deutschland GmbH
Kartäuserstr. 49, D-79102 Freiburg,
Tel.: 0761/59390007, www.prospecierara.de, für die Erhaltung der kulturhistorischen und genetischen Vielfalt von Pflanzen und Tieren

Samenfest, Patrick Bilharz
Erica-Sinauer-Strasse 10, D-79111 Freiburg,
Tel.: 0761/2142812, www.samenfest.de,
Saatgut von Gemüse

Syringa Duftpflanzen und Kräuter
Bernd Dittrich, Bachstr. 7, D-78247 Hilzingen-Binningen, Tel.: 07739/1452,
www.syringa-pflanzen.de, Duftpflanzen,
Kräuter, Katalog

VEN, Verein zur Erhaltung der Nutzpflanzenvielfalt
www.nutzpflanzenvielfalt.de, Infos zur Sortenerhaltung, Veranstaltungen, Saatgut

VERN e.V., Verein zur Erhaltung und Rekultivierung von Nutzpflanzen in Brandenburg
Burgstr. 20, D-16278 Greiffenberg/Uckermark, Tel.: 033334/70232, www.vern.de,
Katalog, Saatgut, Schaugärten

Schaugärten

Dreschflegel-Schaugarten
Dorfstr. 12, D-37318 Schönhagen,
www.schaugarten.kuhmuhne.de

De Boschhoeve, Dineke Logdenberg
Boshoeve 3, NL-6874 NB Wolfheze,
Tel.: +31 26/482 12 31, www.boshhoeve.nl,
großer Küchengarten mit Gemüsebepflanzung und Sommerblumen, verschiedene Aktionstage im Jahr

Freilichtmuseum Detmold
Krummes Haus, D-32760 Detmold,
Tel.: 05231/7060, geöffnet 1.4. bis 31.10.,
montags geschlossen, historische Gärten mit Gemüse- und Blumenbepflanzung

LVR Freilichtmuseum Lindlar
D-51789 Lindlar, Tel.: 02266/90100,
www.freilichtmuseum-lindlar.lvr.de,
geöffnet 1.4. bis 31.10. 10–18 Uhr, 1.11. bis 28.2. 10–16 Uhr; montags geschlossen, historische Gärten mit Gemüse- und Blumenbepflanzung, Garten- und Kräuterführungen

Samengarten in Eichstetten
Altweg 29, D-79356 Eichstetten am Kaiserstuhl, www.kaiserstuehler-garten.de,
Tel.: 07663/932313,
Gemüse, Kräuter und Wildpflanzen, Gartenführungen in der Saison

Weihenstephaner Gemüse-Kleingarten
Am Staudengarten 14, D-85350 Freising,
Gemüsegarten, Neuheiten und Anbauversuche

Schnell nachgeschlagen

A

B

C

D

E

F

G

H

I/J

K

L

M

N

P

R

S

T

V

W

Z

Herzlichen Dank

Mein herzlicher Dank geht an das Team des Ulmer Verlages für das Vertrauen in meine Arbeit. Herzlich danken möchte ich allen Gartenfreunden, die mir ihre persönlichen Erfahrungen mitgeteilt haben, Land- und Familiensorten erhalten, ebenso den Samengärtnern von Dreschflegel, Jelitto und Nebelung für das zur Verfügung gestellte Saatgut und den Vereinskollegen im VEN.

Die Autorin

Heidi Lorey arbeitet als freie Gartenjournalistin, Buchautorin und Dozentin. Dem Gartenbaustudium an der Uni Hannover folgte eine Promotion im Fach Pflanzenzüchtung. Nach Praxisjahren in einer Gärtnerei arbeitete sie zehn Jahre als Redakteurin für das Gartenressort des Magazins LandLust. Ihre Themenschwerpunkte sind der Küchengarten, Wiederentdeckung von Gemüse- und Obstarten und Saatguterhaltung. Im Hausgarten kultiviert sie „geerbte“ Gemüsesorten bis zur Samenreife und ist im Verein zur Erhaltung der Nutzpflanzenvielfalt e. V. (VEN) aktiv. In Seminaren und Kursen gibt sie ihr Wissen zu Praxis und Kulturgeschichte der Gemüse und zum Samenbau weiter.

Bildquellen

Alle Fotos stammen von Heidi Lorey bis auf
Flora Press / Victoria Firmston: Titelfoto
Dirk Mann / flowermedia: Seite 111 oben
Foto Visionen Jürgen Krämer: Seite 144
Frank Fleuchhaus: Seite 21
Die Zeichnungen fertigte Johannes-Christian Rost an.

Impressum

Bibliografische Information der Deutschen Nationalbibliothek
Die Deutsche Nationalbibliothek verzeichnet diese Publikation in der Deutschen Nationalbibliografie; detaillierte bibliografische Daten sind im Internet über http://dnb.d-nb.de abrufbar.

Wollgrasweg 41, 70599 Stuttgart (Hohenheim)
E-Mail: info@ulmer.de
Internet: www.ulmer-verlag.de
Lektorat: Helen Haas, Dr. Ruthild Kropp, Dr. Manuela Göhner
Herstellung: Isabell Scherrieble
Layout und Satz: Freiraum K, Karen Neumeister, www.freiraum-k.de
Druck und Bindung: Westermann Druck, Zwickau
Printed in Germany

ISBN 978-3-8001-5857-7